세상을 바꾼
위대한
책벌레들

세상을 바꾼 위대한 책벌레들

초판 1쇄 펴냄 2006년 10월 9일
48쇄 펴냄 2025년 4월 14일

글 김문태
그림 이량덕
기획 고정욱

펴낸이 고영은 박미숙
펴낸곳 뜨인돌출판(주) | 출판등록 1994.10.11.(제406-251002011000185호)
주소 10881 경기도 파주시 회동길 337-9 | 대표전화 02-337-5252 | 팩스 031-947-5868
홈페이지 www.ddstone.com | 블로그 blog.naver.com/ddstone1994
페이스북 www.facebook.com/ddstone1994

ⓒ 2006 김문태, 이량덕

ISBN 978-89-92130-24-0 73810

어린이제품안전특별법에 의한 제품표시
제조자명 뜨인돌출판(주) 제조국명 대한민국 사용연령 8세 이상

위인들의 숨겨진 독서 비법을 공개한다

세상을 바꾼 위대한 책벌레들

뜨인돌어린이

세상의 책벌레들에게

　세상에 우뚝 선 사람들이 있다. 우리는 그들이 처음부터 뛰어난 인물이었을 것이라고 생각한다. 그러나 사실은 그렇지 않다. 흔히 위인이라고 불리는 사람들은 모두 어린 시절, 힘든 환경 속에서 말 못할 고통을 겪으며 자랐다.

　이 책에 소개한 세종 대왕은 형 대신 왕이 되었다는 부담을 가지고 있었고, 이덕무는 서자로 태어난 데다 지독한 가난에 시달렸으며, 김득신은 머리가 나쁜 바보 천치라는 손가락질을 받았다. 또한 나폴레옹은 키 작은 식민지인이라는 놀림을 받았고, 링컨은 문명과 동떨어져 학교도 없는 촌구석에서 지냈으며, 에디슨은 학교에서 쫓겨나 귀도 들리지 않는 가운데 가난과 싸웠다. 어떤 이는 정신적인 부담 때문에, 어떤 이는 육체적인 결함 때문에, 또 어떤 이는 가난 때문에 어린 시절을 힘들게 보냈던 것이다.

　때때로, 우리는 '책을 왜 읽지?' 하며 고개를 갸우뚱하기도 한다. 어떤 사람은 책을 읽으면 심심하지 않고, 모르는 것을 알 수 있기 때문이라고 말할 것이다. 또 어떤 사람은 세상을 살아가는 지혜를 배울 수 있기 때문이라고도 말할 것이다. 그러나 책을 읽는 또 다른 이유는 바로 자기가 처한 어려움을 이겨 내기 위해서이다.

    책벌레로 소문난 위인들은 외로움과 슬픔과 아픔을 이겨 내기 위해 책 속에 깊이 빠져들었다. 남들이 쓰러지고 포기할 때, 이들은 책을 읽으면서 자기에게 주어진 힘든 짐을 지고 험한 가시밭길을 헤쳐 나갔다. 이들에게 책은 친구이자 스승이었다. 책은 깊은 수렁을 건너는 다리였고, 높은 벽을 넘는 사다리였다. 책은 생각하는 힘을 키워 주었고, 세상을 보는 눈을 길러 주었으며, 꿈의 세계로 가기 위한 디딤돌을 놓아 주었다. 남보다 뒤처지고 못나고 보잘 것 없다고 여겨졌던 책벌레들이 책을 통해 보란 듯이 세상의 빛이 되었던 것이다.

    요즘 논술이 중요시되고 있다. 이것은 어떤 일을 정확하게 보고, 짜임새 있게 생각하고, 올바로 판단하는 힘을 키워야 한다는 말이다. 이를 위해서 독서는 무엇보다도 우선되어야 할 일이다. 이 책은 왜, 어떻게 독서해야 하는가에 대한 방향을 잡을 수 있는 나침반이 되어 줄 것이다. 꿈이 있는 모든 이들이 이 책을 읽으면서 자신을 올곧게 세우는 시간을 갖기 바란다.

2006년 개천절에 어린 책벌레들을 축복하며
지은이 씀

이야기 순서

대궐을 찾은 학동들과 세종 대왕　　　8
좋은 책을 백번 읽고 백번 생각하다

책만 보는 바보 외삼촌 이덕무　　　30
책으로 마음과 정신을 다스리다

서당 일일 훈장이 된 김득신　　　52
좋은 옛글 중 짧은 글을 반복해서 읽다

왕따를 만난 키 작은 황제 나폴레옹　　　74
책 속에서 창의력과 용기를 얻다

소년 소녀 가장과 촌뜨기 대통령 링컨　　96
날마다 읽고 생각하고 외우고 쓰다

어린이 기자와 학교 안 다닌 에디슨　　116
끊임없이 의심하고 생각하며 책을 읽다

못 보고 못 듣고 말 못한 헬렌 켈러　　138
책 읽기로 장애를 극복하다

책벌레들의 속닥속닥 독서 비법!　　158

대궐을 찾은 학동들과 세종대왕

좋은 책을 백번 읽고 백번 생각하다

'둥! 둥! 둥!'

새벽을 알리는 북소리가 은은하다. 아직 어둡지만 마음만은 가뿐하다. 1448년 8월 11일, 오늘은 내가 왕위에 오른 지 30주년이 되는 날이다. 여러 축하 행사 중에서 제일 마음에 드는 것은 '임금과 학동들의 터놓고 말하기 행사'이다. 전국의 서당에서 뽑힌 학동들과의 만남이라니. 벌써부터 마음이 설렌다. 늙은 나에게 아직도 이런 열정이 남아 있다니 신기할 따름이다.

고대하던 행사 시간이 되었다. 경복궁 안으로 앞장서 들어오는 황희 정승도 이제는 많이 늙었구나. 벌써 17년간이나 영의정으로서 나를 돕고 있으니 그럴 만도 하다. 뒤따라 들어오는 수십 명의 학동들 얼굴에 천진난만함이 배어 있다. 내가 저들에게 꿈과 희망을 심어 주리라. 저들이야말로 이 나라의 근본이 아닌가. 드디어 근정전에 들어선 황 정승이 아뢴다.

"전하! 신 등이 오늘 전국의 뛰어난 학동들을 데리고 왔습니다. 이 어린 학동들에게 가르침을 내려 주십시오."

학동들 가슴에는 어디서 온 아무개라는 명찰이 붙어 있다. 내가 학동들에게 집이 어디인지, 거기에는 어떤 산과 강이 있는지, 노는 시간에는 무얼 하는지, 좋아하는 음식은 무엇인지 묻자 쭈뼛쭈뼛하던 얼굴들이 금세 환해진다. 통통한 임 학동이 개떡이 맛있다고 하자 학

영의정 조선 시대 의정부의 으뜸 벼슬. 정일품의 품계로 정사를 총괄하는 최고의 지위이다.
근정전 임금의 즉위식이나 규모가 큰 중대한 의식을 거행하던 곳이다.

동들이 모두 키득대며 웃음을 참으려고 애쓴다. 그런데 나는 그게 어떤 음식인지 모른다.

"개떡이라. 호박을 넣은 떡은 호박떡이고, 콩을 넣은 떡은 콩떡이니 개떡이라면……. 아니? 그럼 개를 넣고 떡을 만들었단 말이오?"

순간 근정전이 떠나갈 듯이 웃음보가 터진다. 학동들은 물론 신하들까지 웃음을 참지 못한다. 그러자 당황한 황 정승이 급히 아뢴다.

"전하! 개떡은 그런 것이 아니라 보리, 겨 따위를 반죽해서 별 모양 없이 되는대로 찐 떡을 말합니다. 못사는 백성들이 허기를 달래려고 먹는 음식입니다."

"난 그런 줄도 모르고 그만. 껄껄껄."

나도 백성들을 위한다고는 해 왔지만, 그들의 밑바닥 사정까지 알려면 아직도 멀었구나. 아무튼 나의 무지함 덕분에 이제 학동들이 나를 할아버지처럼 보는 듯하다. 다행이다. 대제학이 나서서 임금인 나에게 무엇이든 물어도 좋다고 학동들에게 알린다. 그러자 날렵하게 보이는 서 학동이 손을 번쩍 들고 묻는다.

"상감마마께서는 어느 서당에 다니셨나요?"

"나는 궁궐 안의 왕자 전용 서당인 시강원에 다녔소."

"그럼 어떤 공부를 좋아하셨나요?"

"역사 공부를 좋아했소. 그래서 《춘추》나 《좌전》 같은 책을 많이

대제학 조선 시대 홍문관과 예문관에서 일하던 정이품 벼슬로서 조선 초에는 예문관에만 대제학을 두었으나, 세종은 집현전에도 대제학을 두었다. 학문적으로 뛰어난 학자가 임명되었다.

읽었다오."

학동들이 이제는 서로 질문하려고 손을 든다. 비로소 터놓고 말하는 시간이 된 것이다.

"그럼 상감마마께서는 그런 책을 몇 번이나 읽으셨나요?"

"흠! 역사책이나 철학책은 적어도 30번씩은 읽었지요."

"네에?"

눈이 휘둥그레진 학동들을 보니 흥이 절로 난다. 이때 한 학동이 주변을 두리번거리며 수줍게 손을 든다.

"상감마마, 저는 아직 《춘추》란 책을 모릅니다. 어떤 책인데 30번씩이나 읽으셨나요?"

"《춘추》는 옛날의 성인들과 나쁜 왕들이 나라를 어떻게 다스렸는지를 알려 주는 책이라오."

"그럼 좋은 왕과 나쁜 왕은 어떤 차이가 있나요?"

"허허, 그것 참 어려운 질문이구려. 《춘추》를 보면 옛 성인들은 백성들과 더불어 기쁨과 슬픔을 함께 나누었다오. 그러므로 백성들이 즐겁고 편안하게 살 수 있었던 것이지요. 그러나 나쁜 왕들은 자기 욕심만을 채우려 했소. 그러니 백성들은 더 큰 힘을 가지려는 왕의 탐욕 때문에 어쩔 수 없이 전쟁터에 끌려 나가고, 공사판에 동원되어 자기 생활을 할 수 없었다오. 그러니 고통스럽게 살 수밖에 없었던 것이지요."

"아하! 그렇다면 《춘추》란 책은 임금님들이 반드시 읽어야 할 책이겠네요?"

　"백성을 사랑하며 나라를 다스리기 위해서는 임금만이 아니라 모든 관리들이 꼭 읽어야 할 책이오. 그러고 보니 이 학동이 나를 다시 깨우쳐 주는구려. 껄껄."
　칭찬을 듣자 으쓱대면서도 얼굴이 빨개지는 모습이 순진하기 이를 데 없다. 이를 보고 용기를 낸 다른 학동이 손을 힘차게 든다.
　"그럼 그 책들만 30번씩 읽으신 거죠?"
　'설마 다른 책들도 그렇게 읽었겠냐?'는 듯한 눈빛으로 날 바라보는 민 학동의 표정이 귀엽다. 이참에 좀 더 놀라게 해 주어야겠다.
　"《사서삼경》은 100번씩 읽었소. 읽을 때마다 작대기 표시를 해서 내가 그 횟수를 알고 있다오."
　"햐! 그럼 그 내용을 거의 다 외우시겠네요?"
　"다는 아니지만, 거의 대부분 욀 수 있지요."

여기저기서 '우아!' 하는 소리에 근정전 천장이 들썩인다. '기가 막힌다.', '말도 안 된다.', '그러니까 임금님이시다.' 하는 소리로 왁자지껄하다. 나만 그런 게 아니라는 걸 일러 주어야겠다.

"공자님은 책을 묶은 가죽 끈이 3번이나 끊어지도록 책장을 넘기셨소. 이를 위편삼절이라 하오. 그러고는 글을 100번 읽으면 뜻이 자연히 드러난다고 하셨소. 난 그 말씀을 따른 것뿐이오."

"그래도 그렇지 어떻게 100번을 읽나요? 저는 한 번 읽고 난 책은 재미가 없어서 다시는 보고 싶지 않은데요."

"고기는 씹을수록 맛이 있지 않소? 책도 읽을수록 맛이 난다오. 다시 읽으면서 처음에 지나쳤던 것을 발견하고, 새롭게 생각하는 것이지요. 말하자면 백번 읽고 백번 익히는 셈이오. 그럼 자연히 눈이 열리고 마음이 든든해지지요."

잠시 학동들의 표정이 진지해진다. 질문했던 박 학동은 내 말에 기가 죽은 듯하다. 처진 어깨를 반듯하게 세워 주어야겠다.

"박 학동은 《소학》을 읽었소?"

"네. 《소학》은 벌써 다 떼고, 지금은 사서를 읽기 시작했어요."

"호오, 그래요? 《소학》은 천자문을 뗀 어린이들이 가장 먼저 익히는 책이지요. 사람이 어떻게 살아야 하는지를 쉽게 써 놓았지요. 그런데 박 학동은 그 책을 몇 번 보았소?"

위편삼절 '위편'은 책을 묶는 가죽 끈이며, '삼절'은 3번 끊어졌다는 말이다. 따라서 이 말은 책을 묶은 끈이 세 번이나 끊어질 정도로 독서했다는 뜻이다. 이는 공자가 《주역》을 계속 반복해 읽어서 생긴 일이었다.

"서당에서 세 번 보았습니다."

"그럼 읽을 때마다 어떤 느낌이 들던가요?"

박 학동이 잠시 골똘히 생각하더니 금세 무언가를 깨달은 듯이 얼굴이 환해진다.

"아! 맞아요. 처음 볼 땐 어려운 말이 많았는데, 두 번째 볼 땐 그 뜻을 거의 다 알게 되었어요. 그리고 세 번째 볼 땐 그 뜻을 곰곰이 생각하게 되었고요."

"박 학동은 책을 왜 30번, 100번 읽어야 하는지 이미 다 알고 있구려. 허허허."

학동들의 환한 얼굴을 보니 이제야 내 말뜻을 알아듣는 듯하다. 똘똘하게 생긴 학동이 손을 치켜든다.

"상감마마, 그렇게 하면 시간이 너무 걸려 다른 책은 거의 볼 수 없을 텐데요?"

"오호! 좋은 질문이오. 100번을 읽으려면 시간이 많이 걸리지요. 그러나 걱정할 것 없소. 자, 사서를 모두 읽는 데 처음에는 6개월이 걸린다고 합시다. 그럼 두 번째 읽을 때에도 6개월이 걸릴까요?"

"아닙니다, 상감마마. 그 반이면 될 것입니다."

"최 학동의 말이 맞소. 이미 눈에 익었으니 그럴 것이오. 그럼 세 번째는 시간이 더 적게 걸릴 것이고, 네 번째는 더더욱……."

고개를 끄덕이는 학동들을 보니 힘이 솟는다.

"나는 언제나 그랬듯이 오늘 아침에도 책 한 권을 읽었소."

예상대로 학동들의 입이 벌어진다.

"오늘처럼 바쁜 날에도 책을 읽으셨어요?"

"그럼요. 벌써 수백 번은 읽었을 《대학》을 읽었소. 임금의 마음가짐이 어떠해야 하는지를 잘 일러 주는 책이니 말이오. 나라를 잘 다스리기 위해 나부터 바로잡아야 한다는 내용은 언제 봐도 새롭기만 하오. 눈은 아팠지만, 가슴은 시원하였소."

'햐!' 하는 감탄사가 여기저기서 터져 나온다. 고개를 갸우뚱거리던 학동이 손을 들고 묻는다.

"그럼 그렇게 내용을 환하게 아는 책을 제대로 읽는 방법이 있는지요?"

"다시 생각하는 것이지요. 책의 줄거리나 내용을 달달 외워 어디에 쓰겠소? 그 뜻을 곱씹어 생각하는 게 중요하오. 책을 읽으면서 나와 관련시켜 생각하고, 그것을 실천에 옮기는 것이 독서의 참뜻이오."

"그럼 책을 100번 읽으셨다는 것은 100번을 다시 생각하고, 100번을 다시 다짐하셨다는 말씀인가요?"

"오! 정 학동은 명석하기도 하오."

나도 모르게 무릎을 치며 감탄한다. '하나를 가르치면 열을 안다.'는 속담이 딱 들어맞는다. 그러자 곁에 앉아 있던 개구쟁이 티가 나는 학동이 씩씩하게 손을 든다.

"그럼 상감마마께서는 어릴 적부터 매일 책만 보셨나요?"

"웬걸요. 활도 쏘고, 사냥도 다니고 했지요."

"정말요?"

"그럼요. 몸이 튼튼해야 공부도 잘할 수 있는 법이오. 그런데 워낙 책 읽기를 좋아하다 보니 어느 날은 그만 눈병이 나서 앓아눕기도 했다오."

'그것 봐, 내 그럴 줄 알았다.'는 듯이 서로 고개를 끄덕이는 학동들을 보니 귀엽기 그지없다.

"그러자 나의 아버지이신 태종 대왕께서 내 건강을 걱정하시며 책을 모두 걷어 가셨다오. 사실 난 그때 모진 추위와 더위에도 아랑곳하지 않고 밤새워 독서하곤 했소. 그러니 병이 날 만도 했지요."

"그럼 책이 없어서 어떻게 하셨어요? 너무 슬프셨겠네요."

뒤편에 앉은 학동이 임금인 나를 안됐다는 듯이 바라본다. 그래! 바로 저 표정이야. 진정으로 백성들을 위해 줄 수 있는 마음이지.

"김 학동의 말대로 난 슬프기까지 했다오. 그런데 그때였소. 병풍 밑에 웬 책이 보이는 게 아니오? 바로 《구소수간》이라는 책이었소. 그래 병석에 누워 있는 동안 난 그 책을 30번이나 읽었소."

"네에? 정말요?"

"그럼요. 난 역사책을 좋아했는데, 문학 책이 그렇게 재미있는 줄 미처 몰랐거든요."

"아유! 그럼 눈병이 더 심해졌을 텐데요."

"태종 대왕께서도 그 사실을 아셨지만, 껄껄 웃으시면서 그냥 놔두라고 했다오."

그러자 총명하게 보이는 안 학동이 멈칫거리면서 손을 든다.

"그렇게 책을 좋아하셔서 임금님이 되셨다는 말씀을 들은 적이 있

어요. 진짜 그런가요?"

"그렇다고 할 수 있지요. 내 위로는 양녕 대군, 효령 대군이 계셨고, 난 셋째 충녕이었소. 왕위에 오를 큰형님은 책 읽는 것보다는 사냥 다니고 친구들과 놀기를 좋아했지요. 그래서 내가 막내인데도 세 형제 중 책을 가장 많이 읽은 현명한 사람이라고 해서 이 자리에 오른 것이오. 그때 장남이 왕위에 올라야 한다고 끝까지 주장한 사람들도 있었소. 그 대표적인 분이 바로 저 황희 정승이오. 안 그렇습니까?"

황희 정승이 깜짝 놀라 허리를 굽히며 아뢴다.

"전하! 면목이 없습니다. 그때 저는 법대로 하길 바랐던 것입니다. 그런 저를 아직까지 이 자리에 머물게 하시니 전하의 은혜가 하늘과 같습니다."

"황 정승을 놀리려고 한 말은 아니오. 책을 많이 읽어 이 자리에 선 것을 말하려 했던 것이오. 껄껄."

"전하께서는 진정으로 책 읽기를 좋아하는 현명한 임금님이십니다. 학동들에게 한 가지 비밀을 밝히고자 합니다. 일전에 전하께서는 온 나라의 감사들에게 옻나무 열매를 올리라고 명령하신 적이 있었답니다."

임금의 비밀을 밝힌다는 영의정의 말에 학동들의 눈이 동그래진다. 뭔가 심상치 않은 일이 있을 것이라 기대하는 학동들의 표정이 재미있다. 아까부터 손을 들던 학동이 대뜸 묻는다.

"혹시 상감마마께서 옻닭을 끓여 드시려고 그랬나요?"

순간 좌우에 서 있던 신하들이 박수를 치며 배를 잡고 웃는다. 나도 의자의 손잡이를 치며 웃는다. 이렇게 통쾌하게 웃어 본 것이 얼마 만인가. 대제학도 함께 웃다가 이내 표정을 바꾸고 학동에게 친절하게 일러 준다.

"홍 학동. 그 옻나무 열매는 기름을 짜서 등불을 켤 것이었소. 그

감사 각 도의 으뜸 벼슬로, 종이품의 품계를 가지며 관찰사라고도 한다.

기름은 그을음도 없고, 환하기까지 해서 밤에 책을 읽는 데는 그만이라오."

얼굴이 빨개진 홍 학동을 보니 마음이 무겁다. 어린 마음에 상처라도 입으면 어쩐담. 내가 나서야겠다.

"홍 학동은 옻닭을 좋아하오?"

"네, 상감마마. 귀하고 맛난 음식이어서 매우 좋아합니다."

"그럼 오늘 저녁에 우리 학동들에게 옻닭을 대접하면 어떻겠소?"

말이 떨어지자마자 '야호!' 하는 환호성과 함께 벌써 입맛을 다시는 학동도 있다. 귀한 음식을 대접해 보내야 나라를 위해 더 열심히 공부하겠지. 나중에 이곳에 들어와 일할 사람들 아닌가. 대제학이 다시 말을 잇는다.

"여러 학동들도 형설지공에 관한 이야기를 들어 알고 있을 것이오. 손강은 집이 가난해 기름 살 돈이 없어 눈빛에 의지하여 책을 읽었소. 또한 차윤도 기름을 구할 수 없어 반딧불이를 주머니에 담아 그 빛으로 책을 읽었소. 전하께서는 바로 그분들처럼 밤에도 옻나무 기름으로 불을 밝혀 지금까지 책을 읽고 계시답니다."

"저희들은 상감마마께서 매일 좋은 옷만 입고, 맛있는 음식만 잡숫고, 재미있게 노시기만 하는 줄 알았는데요. 헤헤."

멋쩍은 웃음을 지으며 머리를 긁적이는 조 학동의 티 없는 모습이 보기 좋다. 그러자 영의정이 한 마디 더 덧붙인다.

"그것만이 아니라오. 전하께서는 하루에 수십 권의 책을 뒤져 샅샅이 보신답니다. 심지어는 진지를 드실 때 좌우에 책을 펼쳐 놓고 보시기까지 하지요."

"황 정승, 우리 학동들의 입이 다물어지질 않겠소. 껄껄껄. 사실 난 한가롭게 앉아 있을 때가 별로 없소. 책을 읽으면 총명해지고, 좋은 생각이 반짝 떠오르기 때문이오."

맨 앞줄에 앉아 고개를 끄떡이며 듣기만 하던 학동이 진지한 표정으로 손을 든다.

"상감마마. 그럼 집현전 학자들에게 책 읽는 휴가를 주시는 것도 그런 이유 때문인가요?"

주변의 신하들이 모두 고개를 빼고 질문한 학동을 놀랍다는 듯이 바라본다. 어린 학동이 독서휴가까지 알고 있다니 기특하기 그지없다. 큰 학자가 될 재목이리라.

"고 학동의 말이 옳소. 집현전은 학자들이 공부하는 곳이오. 그래서 그곳에서 매일 경연을 열어 나와 여러 학자들이 강의를 듣고 토론하는 것이오. 대제학! 우리가 경연을 얼마나 열었소?"

"전하, 제가 알기로 태조 대왕 때 7번, 정종 대왕 때 30번, 태종 대왕 때 12번이었고, 전하 때에는 무려 1,898번 열었습니다."

다시 한 번 '우아!' 하는 학동들의 감탄하는 소리로 잠시 소란해진

집현전 고려 때부터 궁궐에 있던 학문 연구 기관. 세종 대왕은 이곳을 중요시하여 집현전 학자들을 20명까지 늘렸다. 또한 세종 대왕은 학자들의 연구를 위해 집현전에 많은 책들을 보관하게 했다. 훈민정음이 바로 이곳에서 만들어졌으며, 《농사직설》,《삼강행실도》,《용비어천가》 등도 모두 이곳에서 만들어졌다.

독서휴가 '사가독서'라고도 한다. 유능하고 젊은 문신들을 뽑아 집에서 공부하게 했다. 세종 대왕 때 시작하여 세조 때 없앴다가 성종 때 다시 실시하였다.

다. 그래 놀랄 만도 하지. 참으로 긴 세월 동안 노력했으니 말이다. 이 제도는 학동들도 알고 있어야 하니 마저 일러 주어야겠다.

"이렇듯 집현전 학자들은 밤낮으로 공부하지만, 이런저런 일로 책 읽을 시간을 빼앗기고 있소. 그래서 생각한 것이 바로 독서휴가였소. 몇 달이나 몇 년 동안 책만 읽게 하는 것이지요."

"상감마마, 그럼 그 학자는 그 방면에서는 도사가 되겠네요?"

"도사라……. 이를테면 그런 셈이지요. 권채 같은 이가 그러하오. 내가 언젠가 《대학》과 《중용》을 제대로 공부하라고 독서휴가를 보낸 적이 있었소. 3년 만에 돌아왔는데, 이제 그 분야에서는 그를 따를 사람이 없게 되었소. 반복해서 읽고 탐구한 힘이지요."

대제학이 나서며 거든다.

"전하! 박팽년, 신숙주, 이개, 성삼문, 하위지, 이석형 등이 첫 번째로 독서휴가를 다녀온 이들입니다."

"맞소. 이들 모두 대학자가 되었지요."

이때 난데없이 손도 들지 않고 말하며 나서는 학동이 있다. 분위기가 그만큼 편해졌다는 뜻이다.

"그럼 독서휴가를 가는 학자들에게 월급은 주나요?"

순간 근정전이 다시 웃음바다가 되었다.

"그럼요, 드려야지요. 먹고사는 걱정 없이 책만 읽으라는 제도니까

경연 학식과 덕이 높은 신하들이 왕에게 유교의 경전과 역사를 가르치던 교육 제도였다. 고려 때부터 있었으나, 조선에 들어와 눈부시게 발전하였다. 강의가 끝나면 그 자리에서 왕과 신하들이 정치에 대해 의논하였다.

요."

학동들의 질문이 뜸한 걸 보니 궁금증이 많이 풀린 모양이다. 조금만 무리해도 온몸이 아프니 나도 많이 늙었구나. 이제 행사를 마쳐야겠다.

"여러 학동들도 아는 것처럼 나는 재작년에 훈민정음을 반포하였소. 또한 10여 년 전에는 구리 활자를 만들어 우리 손으로 책을 찍고 있소. 내가 그렇게 한 까닭이 어디에 있는 것 같소?"

아까 임금인 나를 안됐다는 듯이 바라보던 김 학동이 씩씩하게 대답한다.

"눈이 있어도 글을 읽을 줄 모르는 백성들을 불쌍히 여기신 마음 때문입니다."

"오! 기특하오. 온 백성이 훈민정음으로 책을 읽고 깨우쳐서 사람답게 살길 바라는 마음이었소. 사람의 도리를 일러 주는 《삼강행실도》나 《효행록》, 그리고 농사짓는 데 필요한 《농사직설》을 펴내 온 나라에 나누어 준 것도 바로 그 때문이었소."

묵묵히 서 있던 학동 대표가 제법 의젓하게 나서며 묻는다.

"그럼 살아가는 데 필요한 지식과 지혜는 책에 모두 다 담겨 있는

※ 훈민정음 백성을 가르치는 올바른 소리라는 뜻으로, 모두 스물여덟 글자이다. 자음은 발음 기관을 본뜨고, 모음은 하늘과 땅과 인간을 본떠 독창적으로 만든 세계적인 문자이다.

※ 삼강행실도 집현전의 부제학인 설순 등이 세종 대왕의 지시로 1431년에 만든 책이다. 조선과 중국의 충신, 효자, 열녀를 각각 35명씩 뽑아 모두 105명의 일화를 글과 그림으로 표현하였다. 유교의 삼강오륜을 드러내 백성들을 계몽하기 위해 한문과 함께 한글로도 되어 있다.

셈입니까?"

"그러하오. 지금도 중국에 다녀오는 사신들이 새 책을 두 권씩 사오는 것도 바로 그 때문이오. 학동들에게 꿈과 희망이 있다면 손에서 책을 놓지 마시오. 그럼 여러분과 후손들의 앞날에 밝은 빛이 비칠 것이오. 내가 진심으로 축복하겠소."

"상감마마의 은혜가 하늘과 같습니다."

효행록 고려의 권준이 펴낸 책으로, 처음에는 중국의 효자 24명의 일화를 그림으로 그리고 이제현의 글을 받았다. 나중에 권준의 아버지인 권보가 다시 효자 38명의 일화를 엮어 이제현의 글을 받았다. 그 후 권보의 증손인 권근이 이를 교정하고 주를 달아 《효행록》이라 하였다. 고려 말에 처음 펴냈고, 세종 대왕 때인 1428년에 설순 등이 개정하여 간행하였다.

농사직설 세종 대왕이 정초와 변효문 등에게 지시하여 1429년에 펴낸 우리나라 최초의 농업책이다. 이 책은 우리나라 농부들의 경험담을 토대로 우리 실정에 맞게 만든 것이다. 이 책은 올벼, 늦벼, 밭벼 등의 재배법과 씨앗 저장, 토질 개량, 묘판, 모내기, 거름 등에 대한 구체적인 농사 방법이 담겨 있다.

세종대왕
독서로 왕위에 오르다

　세종 대왕은 1397년 4월 10일 한양 준수방에서 이방원과 민씨의 셋째 아들로 탄생하였다. 그 시기는 조선이 세워진 지 얼마 되지 않은 때였다. 1388년에 고려의 장수였던 이성계는 중국의 요동 지역을 치기 위해 군대를 이끌고 갔다. 그러나 이성계는 압록강 하류에 있는 위화도에 이르러 군대를 돌려 되돌아왔다. 그러고는 당시의 고려 왕인 우왕을 강화도로 쫓아내고, 최고의 장군이었던 최영을 고양으로 몰아냈다. 마침내 이성계는 1392년에 조선이라는 새 나라를 세웠다.

　태조 이성계가 병으로 고생하던 1398년 8월에 후계자 자리를 놓고 이성계의 아들들끼리 큰 싸움이 일어났다. 다섯째 아들인 방원은 방의, 방간과 손을 잡고 정도전 등의 반대파를 죽이고, 이복동생인 방석과 방번을 죽였다. 이 소식을 들은 태조는 화가 난 나머지 다음달에 둘째 아들 방과에게 왕위를 넘겨주고 물러났다. 방과는 제2대 정종이 되었으나, 방원이 방간을 또다시 유배 보내는 싸움을 일으켰다. 그러자 정종은 1400년 11월 방원에게 곧 왕위를 넘겨주고 말았다. 마침내 방원이 제3대 태종이 되었던 것이다.

　이 모든 일을 주도했던 태종은 자신의 후계자는 칼이 아닌 글로써 나라를 다스려야 한다고 생각했다. 그래야만 조선이 굳건한 나라로 설 수 있기 때문이었다. 태종은 양녕, 효령, 충녕 세 아들을 두었다. 처음에는 맏이인 양녕 대군이 당연히 왕세자로 정해졌다. 그러나 양녕 대군은 글공부에는 관심이 없었다. 또한 둘째인 효령 대군은 그리 총명

하지 못했다. 따라서 책 읽기에 몰두하던 막내 충녕 대군이 새로 세자가 되었다. 마침내 1418년 8월 충녕 대군이 왕위에 올랐으니 이 분이 바로 세종 대왕이다.

　세종 대왕은 왕위에 오른 이듬해에 이종무 장군에게 명령하여 일본의 대마도를 토벌하게 하였다. 또한 김종서 장군에게 두만강 쪽에 6진을 개척하게 하고, 최윤덕 장군에게 압록강 쪽에 4진을 설치하게 했다. 이로써 북방 여진족의 침입을 막아 국토를 넓히고 국방을 튼튼히 하는 강력한 힘을 발휘했던 것이다. 한편 세종 대왕은 장영실 등으로 하여금 천체의 운행을 측정하는 혼천의, 해시계인 앙부일구, 물시계인 자격루, 비의 양을 재는 측우기 등을 만들게 하여 과학 발전에도 앞장 섰다. 그리고 임인자와 갑인자, 병진자라는 활자를 만들어 책을 대량으로 인쇄할 수 있는 길을 열었다. 그리하여 《농사직설》과 《삼강행실도》와 같은 책을 만들어 전국에 나누어 주게 했다.

　또한 1426년에는 집현전을 강화함으로써 왕과 신하가 연구와 토론을 통해 나라를 올바르게 이끌어 가는 방법과 도리를 함께 찾았다. 창과 칼의 강력함뿐만 아니라 정신과 마음의 올바름을 동시에 세우려 했던 것이다. 마침내 1443년에 세계적으로 빛나는 문자인 훈민정음을 만들어 한자를 모르는 백성들이 쉽게 글을 익혀 자신의 뜻을 펼 수 있게 하였다. 이처럼 평생 책 속에 파묻혀 세상을 위해, 백성을 위해 살던 세종 대왕은 1450년 2월 17일에 세상을 떴다.

임금님이 즐겨 읽은 책

춘추

이 책은 세상이 어지럽던 중국의 춘추전국시대에 공자(기원전 552-479년)가 쓴 역사책이다. 노나라 은공 원년(기원전 722년)부터 애공 14년(기원전 481년)까지 242년간의 노나라 역사를 정리해서 엮었다. 옛날의 왕들은 하늘의 이치와 인간의 마음을 조화롭게 하는 착한 정치를 하였다. 그러나 공자가 살던 춘추시대의 왕들은 자기의 이익만을 위하여 온갖 술수와 폭력으로 다른 나라의 왕위를 빼앗고 백성들을 못살게 굴었다. 그러면서 옛날 왕들의 도덕과 예의와 법도를 욕했다. 이에 공자는 역사를 바로잡기 위해 옛 왕들의 바른 정치 이야기를 이 책 속에 풀어냈다. 이를테면 백성들을 사랑하고 나라를 잘 다스리려는 이들이 반드시 읽어야 할 책이었던 셈이다.

대학

이 책은 송나라의 사마광이 사서오경 중 《예기》에 있던 내용을 떼어 내 만들었다. 그 후에 주자가 경1장과 전10장으로 구별하여 해설했다. 이 책에서는 덕을 밝히는 일, 백성을 새롭게 하는 일, 지극히 착한 것에 머무르는 일에 대해 말하고 있다. 또한 사물의 이치를 끝까지 파고드는 격물, 사물의 도리를 깨닫는 치지, 정성을 다하는 성의, 마음을 올바르게 하는 정심, 마음과 행실을 바르게 닦는 수신, 집안을 바로잡는 제가, 나라를 잘 다스리는 치국, 천하를 평온하게 하는 평천하에 대해 말하고 있다. 특히 나라를 다스리기 위해서는 자신부터 바로 세우고 집안을 바로잡아야 한다고 하였다. 그러므로 이것은 나라를 다스리는 이들이 반드시 읽고 실천해야 할 내용이었다. 세종 대왕이 이 책을 수백 번이나 읽었던 까닭이 여기에 있다.

좌씨전(좌전)

노나라 때의 좌구명이 《춘추》를 이해하기 쉽게 해설한 책이다. 《춘추좌씨전》 혹은 《좌씨춘추》라고도 한다. 그러나 《춘추》와는 다른 별개의 책으로 《공양전》, 《곡량전》과 함께 춘추삼전의 하나이다.

사서삼경

사서삼경은 유교의 경전이다. 사서는 《논어》, 《맹자》, 《대학》, 《중용》을 이른다. 삼경은 《시경》, 《서경》, 《주역》을 이른다. 이밖에 《춘추》와 《예기》를 더해 오경이라고 한다. 즉 앞의 것만은 사서삼경, 뒤의 것까지 하면 사서오경이라고 한다.

구소수간

중국 송나라 때 〈취옹정기〉를 지어 유명한 구양수(1007~1072년)와 〈적벽부〉를 써서 이름을 날린 소동파(1036~1101년)가 주고받은 편지를 모아 놓은 문학책이다.

소학

주자의 제자 유자징이 편집한 것을 주자(1130~1200년)가 1187년에 다듬어 만든 책이다. 유교의 충효 사상과 어진 이들의 말과 행동을 기록하였다. 이 책은 조선 초기부터 중요하게 다루어져 모든 교육 기관에서 필수 과목으로 가르쳤다. 사대부 집안에서는 8살이 되면 이를 배웠다. 《소학》은 집을 지을 때 터를 닦는 것이며, 《대학》은 그 터에 집을 짓는 것이라 비유하였다.

책만 보는 바보 외삼촌 이덕무

책으로 마음과 정신을 다스리다

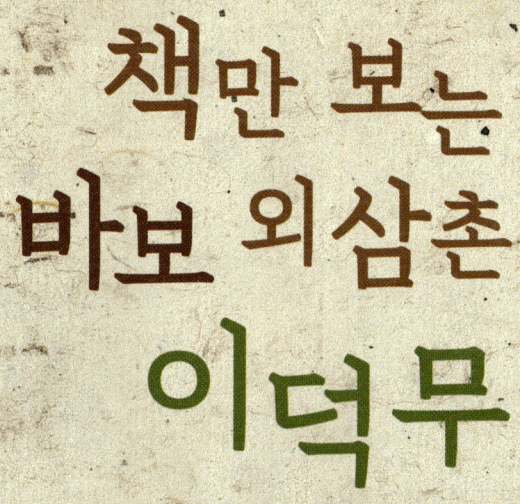

"외삼촌! 저 왔어요!"

뒤뜰에 노란 개나리꽃과 빨간 진달래꽃이 활짝 핀 따스한 봄날, 온 동네가 떠나갈 듯 나를 부르며 뛰어 들어오는 녀석이 있다. 분명 조카인 아중일 게다.

"외삼촌! 어디 계세요?"

마침 엊그제 새로 바른 깨끗하고 하얀 창호지 문을 밀자 어느새 녀석이 코앞에 다가와 있다. 그러더니 내가 입을 열기도 전에 마루에 올라 넙죽 엎드려 절을 한다.

"그동안 안녕하셨어요?"

"오냐, 우리 아중이 왔구나. 이제 아주 씩씩한 소년이 되었네. 장가보내도 되겠는걸."

그러자 녀석이 머리를 긁적이며 부끄러워한다.

"장가는 무슨 장가요. 이제 13살인데요. 외삼촌은 괜히……."

"아중이 얼굴이 빨개지는 것을 보니 장가갈 생각이 있긴 있는 모양인데? 허허허."

"아유, 몰라요."

"부끄러울 게 뭐 있니? 외삼촌도 16살에 장가갔는걸."

"정말요? 히히."

순박한 게 꼭 제 어미를 닮았다. 녀석은 내 바로 아래 여동생이 낳은 외아들이다. 녀석을 보면 마치 죽은 여동생을 보는 듯해 반갑기 그지없다.

6살 아래인 여동생은 18살에 서씨 집안으로 시집갔다. 그러나 아증이를 낳고 제대로 먹지 못하고 고생하다가 애가 5살 되던 해에 세상을 떠나고 말았다. 우리 집도 그렇지만, 그 집도 어지간히 가난했다. 그러나 어쩌다 내가 그 집에 놀러 가면 여동생은 삯바느질하여 모아 두었던 돈을 털어 나에게 술상을 차려 주곤 했다. 그때 아증이는 술상 곁에 앉아 엄마가 집어 주는 맛난 음식을 얻어먹곤 했었지. 5살 때 엄마를 잃고 약한 몸으로 어찌 살까 걱정되던 녀석이었는데, 벌써 이렇듯 늠름한 모습으로 훌쩍 자란 것이다.

"그래 요즘 서당에선 무슨 책을 읽지?"

"《소학》을 읽고 있어요."

"재미있니?"

녀석이 대답은 않고 잠시 뜸을 들이더니 대뜸 묻기부터 한다.

"참! 아버지가 그러시던데, 외삼촌은 책을 굉장히 많이 보셨다면서요?"

"한 2만 권은 봤을걸, 아마."

"네에? 어떻게 그렇게 많은 책을 읽을 수 있죠? 저는 지금까지 읽은 책이 손가락으로 꼽을 정도인데요. 어떤 때는 그것마저 읽기 싫거든요."

녀석의 얼굴을 보니 어지간히 놀란 모양이다. 동그란 눈을 한 녀석이 다시 묻는다.

"외삼촌은 어릴 때부터 책 읽는 걸 좋아하셨어요?"

"물론이지. 옛날에 외삼촌이 아증이만 했을 때, 집안 식구들과 동네 분들이 날 찾느라 온 동네가 떠들썩했던 적이 있었어."

호기심에 찬 녀석이 내 앞에 바짝 다가와 앉으며 묻는다.

"어디 가셨길래요?"

"난 그저 원님이 계신 관청 벽에 쓰인 옛글을 보느라 정신이 팔려 있었어. 사람들은 내가 풀 무더기 뒤에 있어서 보지 못했던 거지."

"사람들이 막 소리 지르며 외삼촌을 찾았을 텐데, 그 소리가 안 들렸어요?"

"난 못 들었어. 벽에 쓰인 글자 하나하나를 읽어 나가는 게 너무 재미있었거든."

책 얘기만 나오면 이렇듯 신이 나니 이것도 병인가 보다.

"언젠가는 눈병이 났는데, 눈이 퉁퉁 붓고 아파서 책을 볼 수가 있어야지."

"그럼 그때는 푹 쉬셨겠네요."

"웬걸. 실눈을 뜨고 책을 봤지."

"햐! 그럼 친구들과 놀지도 않고 책만 보신 거예요?"

"아니. 친구들과도 잘 놀았지. 그러나 아이들과 놀 때에도 벽에 나무를 꽂아 해시계를 만들어 놓고 때가 되면 집에 돌아와 책을 읽었단다."

녀석도 슬슬 흥미가 생기는 모양이다. 어떻게 그럴 수 있는지 고개를 갸우뚱하며 입을 연다.

"외삼촌댁도 옛날에 무척 가난했다고 하던데, 책은 어떻게 구하신 거예요?"

"빌려다 봤지. 내가 책 읽기를 워낙 좋아한다고 소문이 나서 사람

들이 나한테는 귀한 책도 서슴지 않고 빌려 주곤 했어."

"정말요?"

"그럼. 언젠가 몹시 추운 겨울날이었단다. 열 손가락에 동상이 걸렸는데도 책을 보고 싶은 마음에 책을 빌려 달라는 편지를 쓴 적도 있었어. 빌려 본 책은 한 자 한 자 직접 베낀 다음에 돌려주었단다. 그리고 나중에 그걸 들고 다니면서 다시 읽곤 했지."

"우아……."

"여름에는 천장에서 누런 물이 떨어지고, 겨울에는 벽에 얼음이 얼어 얼굴이 비칠 정도로 가난하게 살았지. 그렇지만 잠시라도 책을 읽지 않은 적은 없었단다."

나를 안쓰럽게 바라보는 녀석의 눈망울에서 금방이라도 눈물이 떨어질 듯하다. 남의 안된 일을 보고 측은해 하는 것도 제 엄마를 꼭 닮았구나.

잠시 숙연하게 앉아 있던 녀석이 따지듯이 묻는다.

"그렇게 가난하게 살면서 먹고사는 일에는 힘쓰지 않고 왜 책만 읽으셨나요?"

아직도 어린아이인 줄 알았더니 그게 아니로구나. 이 녀석의 날카로운 질문에 잠시 가슴이 뜨끔해진다.

난 왜 그토록 모든 일을 제쳐 놓고 책만 읽었던 것일까? 언젠가는 며칠을 굶다 못해 수없이 읽어 외우다시피한 《맹자》 7권을 팔아 저녁을 지어 먹기도 했었지. 또한 나만큼이나 책 읽기를 좋아하는 유득공에게 가서 이 사실을 자랑하여 그가 가지고 있던 《좌씨전》을 팔아 술을 사다 먹은 적도 있었다. 그토록 가난하면서도 나는 책만 읽었다. 왜 그랬던가?

이제 가슴 아프더라도 진실을 말해야겠다. 그럴싸하거나 멋들어진 이유를 드는 것은 진정으로 녀석을 사랑하는 마음이 아니리라.

"아증아! 내가 책을 읽은 이유는 서자라는 설움과 가난을 잊기 위해서였단다."

"그게 무슨 말씀이에요?"

"나와 네 엄마는 본부인에게서 태어난 자식이 아닌 서자였다. 그러므로 첩의 자식이라는 손가락질을 받았고, 벼슬길에도 나가지 못해 가난하게 살 수밖에 없었단다."

이런 말은 녀석도 처음 듣는 것일 게다. 다소 놀란 듯 녀석의 눈이 휘둥그레졌다.

"나는 배고플 때 책을 소리 내 읽었단다. 그러면 소리가 두 배로 낭랑해져서 책에 담긴 이치를 더 잘 맛볼 수 있었단다. 그렇게 배고픔을 잊었지. 또한 추울 때도 책을 읽었어. 그럼 소리를 따라 맑은 기운이 몸 안으로 들어와 추위를 잊게 되지."

"……."

"걱정이 있어서 마음이 괴로울 때 책을 읽으면 눈은 글자와 하나가 되고 마음은 집중하게 되니 걱정을 잊게 돼. 기침이 심할 때도 마찬가지야. 책을 소리 내 읽으면 기운이 통해서 막히는 곳이 없어지니까 기침이 멈춘단다."

"제가 다니는 서당의 훈장님은 책을 읽는 이유가 지식을 쌓고, 지혜를 기르기 위한 것이라고 했는데요. 그게 아닌가요?"

내 대답이 녀석이 기대했던 것과 달라 당황하는 모습이다. 책 2만 권을 읽었다는 사람의 입에서 나온 말이 고작 그것이었으니 그럴 만도 하다.

"물론 책을 읽으면 지혜로워지지. 그러나 내가 책을 남보다 많이 읽은 진짜 이유는 슬픔과 막막함을 잊기 위해서였어."

"네에?"

"어느 추운 겨울날이었단다. 네 엄마가 몸이 약해서 여기 와서 약을 먹으며 쉰 적이 있었지. 네 엄마가 오랜만에 기침도 하지 않고 편히 잠든 밤이었어. 그때가 설 전날이었는데, 앞집에서는 명절 기분을 한껏 내며 왁자지껄했어. 친척들이 모여 이야기하며 음식을 만드느라 부산했지. 그러나 우리 집은 가난해서 친척들도 오지 않았고, 음식을 차릴 돈도 없었단다. 미칠 듯이 외롭고 슬픈 밤이었지."

"……."

"그때 나는 《논어》를 꺼내 놓고 읽기 시작했어. 그러자 몇 구절도 채 읽지 않아 답답했던 마음이 사라지고 정신이 맑게 되더구나. 공자님의 위대함을 그토록 절실하게 느껴 본 적은 없었단다. 공자님은 평생 자기가 올바르다고 믿는 일만을 했지만, 어느 누구도 그분을 받아 주지 않았어. 그 불행함이 나와 닮아 있었거든. 그 책 덕분에 난 기운을 낼 수 있었단다."

"저도 엄마가 보고 싶을 땐 책을 막 읽는데……."

고개를 숙이고 듣던 녀석이 기어코 눈물을 떨어뜨린다. 제 엄마 얘기가 나와서 그런가 보다. 녀석의 등을 쓰다듬자 내 품에 냉큼 안긴다. 그간 얼마나 엄마가 보고 싶었을까. 무릎에 앉은 녀석이 제법 무겁다. 이제 다 컸으니 내 속마음을 내보여도 될 듯싶다.

"아줌아! 내가 책만 읽는 어느 바보 이야기를 써 놓은 것이 있는데 한 번 보겠니?"

"그런 바보가 어디 있어요? 책을 안 읽어서 바보가 되지 책을 읽는데 어떻게 바보가 될 수 있어요?"

"그런 바보가 있단다. 책만 읽는 바보라는 뜻의 《간서치전》을 읽어 보렴."

한동안 코를 박고 글을 읽던 녀석의 눈이 동그래졌다.

"외삼촌! 자나 깨나 앉으나 서나 책만 읽은 이 사람이 누구예요? 잘 아는 분이세요?"

"그럼. 잘 알다마다. 그러니까 내가 이런 전기를 쓸 수 있었지."

"누군지는 모르지만 참 대단해요. 저도 그분처럼 되고 싶어요."

녀석이 이야기 주인공에 푹 빠진 듯하다. 내가 왜 그토록 책을 읽는지 어느 정도 답이 된 모양이다.

"바보를 닮겠다고?"

"그분은 바보가 아니에요. 책을 읽는 재미와 즐거움이 어떤 것인지 조금은 상상할 수 있어요. 그분 이름을 가르쳐 주세요."

"허허허. 우리 아중이가 이 글의 주인공을 대단히 좋아하게 된 모양이구나. 놀라지 말거라. 그게 누군가 하면……."

"외삼촌! 어서요. 궁금해 죽겠어요."

"그 책만 읽는 바보는 바로 나란다."

"네에? 외삼촌이 이 글의 주인공이에요? 어쩐지. 히히히."

녀석은 생각지 못했던 대답에 놀라기도 하면서, 한편으로는 '그럼 그렇지' 하는 눈빛으로 날 바라본다. 녀석이 말은 안 했어도 날 무척 우러러보았던 모양이다. 녀석의 마음이 고마울 따름이다. 이처럼 나를 알아주는 사람이 있으니 흥이 절로 난다.

"어느 날이었단다. 하얗고 아주 조그만 좀벌레 한 마리가 내가 가지고 있는 《이소경》이라는 책에서 '추국(국화)·모란·강리(꼬시래기)·게

🌸 **이소경** 굴원(기원전 343–277년)은 전국 시대 초나라의 시인이자 정치가였다. 지은 책으로 《초사》 25편이 전해지는데, 그 가운데 《이소경》이 있다. 충성을 다했으나 억울하게 누명을 쓰자 이를 근심하고 슬퍼하며 이 글을 썼다. 그 후 그는 자신의 결백을 주장하려고 돌을 안고 먹라수에 빠져 죽었다. 《이소경》은 중국 역사상 《장자》, 《사기》와 더불어 3대 문장으로 손꼽힐 정도로 뛰어난 글이다.

🌸 **꼬시래기** 꼬시래깃과의 해초. 검은 자주색 또는 어두운 갈색으로 한천을 만드는 데 섞어 쓴다.

거'라는 글자를 갉아 먹어 버렸지 뭐냐. 내가 처음에는 화가 나서 그 좀벌레를 잡아 죽이려 했단다."

"그래서요?"

"그런데 잠시 후에는 그 좀벌레가 우리말로 국화니 모란이니 꼬시래기니 하는 향기로운 풀이름만 갉아 먹은 것을 기특하게 생각하게 됐지 뭐냐. 마침내 나는 그 풀들의 향기가 그 벌레의 머리와 수염에 묻어 있을 것이라 생각하게 됐어."

"그래서 어떻게 했나요?"

"정말 그런지 확인하려고 그 벌레를 찾기 시작했지. 반나절이 지났나? 갑자기 좀벌레 한 마리가 책 틈에서 기어 나오는 것을 봤어. 그

래서 손으로 잡으려 몸을 날렸는데, 어찌나 빠른지 놓치고 말았지 뭐냐. 꼭 한번 보고 싶었는데 말이야. 사실 그 녀석과 나는 비슷한 취미를 갖고 있었는지도 모르지."

"맞아요. 외삼촌과 좀벌레는 둘 다 책벌레잖아요."

"뭐라고? 요 녀석이."

꿀밤을 한 대 먹이려고 하자 녀석이 저만치 물러나며 활짝 웃는다. 오랜만에 녀석의 얼굴에 웃음꽃이 핀 걸 보니 나도 마음이 환해진다.

"히히. 앞으로 책을 읽다가 좀벌레 만나면 외삼촌 만난 듯이 기쁘게 인사할 게요."

"그래 아증이 말이 맞다. 앞으로 좀벌레 만나면 '외삼촌!' 하고 부르며 절하려무나. 허허허."

한참이나 배를 잡고 웃던 녀석이 자세를 바로 하고 얼굴빛을 고치며 대뜸 묻는다.

"그럼 외삼촌이 책을 읽는 것은 그 책벌레처럼 향기로운 기운을 얻기 위한 것이기도 했겠네요."

뭔가 묵직한 것으로 뒤통수를 얻어맞은 기분이다. 이런 영리한 녀석에게 슬픔과 괴로움을 잊기 위해 책을 읽었다고 했으니 말이다. 하나를 가르치면 열을 아는 녀석이다. 그동안 가슴에 품고 있던 응어리가 한 번에 쑥 내려가는 것처럼 즐겁고 상쾌하다.

"책을 읽는 첫 번째 이유는 정신을 맑고 기쁘게 하는 것이고, 책에 있는 뜻을 받아들여 지식과 지혜를 넓히는 것이 다음이지."

"아하! 그러니까 마음을 다스리고, 정신을 가다듬기 위해 책을 읽는 거네요."

"그렇지."

"이제야 제가 왜 《소학》을 읽어야 하는지를 알게 되었어요."

녀석의 눈에서 반짝반짝 빛이 난다.

"우리 아증이는 커서 무엇이 될꼬?"

"저는 외삼촌처럼 꼿꼿한 선비가 되고 싶어요."

"무얼 보고 그런 생각을 했지?"

"외삼촌은 책을 2만 권이나 읽으셨으니 지식이나 지혜가 남들보다 뛰어날 거예요. 그런데도 가난하게 사시는 걸 보면 맑은 정신을 가져 더러움에 물들지 않으신 게 분명하니까요."

이 녀석 갈수록 기특한 소리만 하는구나. 그러나 나도 완전한 사람이 아니란 걸 일러 주어야겠다.

"외삼촌도 항상 세상으로부터 유혹을 받는단다. 나도 나쁜 일이나 잘못된 일을 못 본 척하면 돈도 많이 벌 수 있고, 높은 자리에 올라갈 수도 있다는 걸 알지. 그러나 그건 옳지 못한 일이야. 내가 부정한 방법으로 돈을 벌거나 자리를 차지하면 열심히 노력한 다른 사람이 눈물을 흘려야 하거든. 책을 읽는 선비가 해서는 안될 일이지. 아무렴."

"그래도 외삼촌은 지금 규장각에서 검서관이라는 중요한 일을 하

규장각 조선 정조가 즉위한 1776년에 창덕궁에 새로 지어 만든 국립 도서관과 같은 곳이다. 정조는 역대 국왕의 글들을 보관하는 일뿐만 아니라, 학문을 드높이기 위해 국가적인 규모로 책을 수집하고 편찬하고자 하였다. 따라서 당파를 따지지 않고 학식이 높은 사람을 모아 잘 대우하였고, 그 학자들로 하여금 현실을 재검토하게 하였다.

시잖아요."

"그래. 올바른 마음을 가지면 언젠가는 남들이 알아주지. 임금님께서도 이런 마음을 아시고 처음으로 나와 같은 서자들 4명을 검서관으로 뽑으셨단다. 지금은 임금님 곁에서 책을 펴내고 교정하는 일을 하니 하고 싶은 일을 하면서 돈도 벌고, 명예도 높아졌지. 이 모든 것이 가난해도 책을 많이 읽어서 이루어진 일이야."

고개를 끄덕이며 묵묵히 듣고 있는 녀석의 모습에서 또 다른 나를 보는 듯하다.

"그럼 그 사람이 어떤 사람인지를 알기 위해서는 책을 얼마나 읽었는지를 보면 되겠네요?"

"그렇고말고. 그 사람이 어떤 책을 읽었는가를 보고, 존경스러운 분을 어떻게 대하는가를 보며, 남이 하는 충고를 어떻게 받아들이는가를 보면 되지."

"사람됨의 으뜸은 책에 있네요."

"아무렴."

녀석은 내가 하는 말을 한 마디도 놓치지 않겠다는 듯이 귀를 쫑긋 세우고 있다. 그러고는 곰곰이 생각하며 마음으로 되새기고 있다. 책을 읽을 때도 그처럼 하면 크게 이루어지리라. 잠시 후 녀석이 궁금해서 못 견디겠다는 투로 입을 연다.

검서관 조선 정조 때 규장각 안에서 실무를 담당하던 관리이다. 과거 시험을 봐서 관리를 뽑은 게 아니라 학식이 높은 서자들을 주로 썼다. 초대 검서관에 이덕무, 박제가, 유득공, 서이수 등이 임명되었으며, 이들을 사검서관이라 불렀다. 이들은 규장각의 관리들을 보좌하고, 책을 교정하고 문서를 베끼는 일을 하였다.

"그럼 책을 어떻게 읽어야 하나요?"

"아증이는 그 방법을 벌써 다 알고 있는데 뭘."

"제가요?"

"지금 아증이가 내 말을 듣는 태도로만 하면 된단다. 꼼꼼하게 읽고, 곰곰이 생각하고, 다시 되새기는 방법 말이다."

"……."

"입으로 소리 내 반복해서 읽고, 마음으로 생각하면 날로 총명해진단다. 그러기 위해서는 책장을 얼른 넘기려 하지 말고 글의 뜻을 되새기며 천천히 읽어야 해."

녀석이 조금 알 것 같다는 표정을 짓는다. 그러나 아직도 의문이 풀리지 않은 모양이다. 내게 바싹 다가와 앉으며 묻는다.

"그런데 매일 책을 어떻게 읽어야 하는지는 아직 잘 모르겠어요."

"그럴 게다. 그럼 이렇게 해 보렴. 글을 읽을 때는 시간을 정해 놓고 매일 읽도록 하여라. 나는 어릴 적에 그날 배운 글을 하루에 50번씩 읽었단다. 아침부터 저녁까지 다섯 차례로 나누어 한 차례에 10번씩 읽었지. 그렇게 하니까 책을 읽는 데 여유가 생기고 정신이 집중되더구나."

녀석이 이제야 확실히 깨달은 모양이다. 불현듯 얼굴이 발그레해진다.

"저는 어떤 때에는 책을 열심히 읽었지만, 어떤 때에는 그렇지 못했어요."

"규칙적으로 책을 읽지 않은 모양이구나."

"네. 아침에 급하게 책을 조금 읽고, 밥을 먹고 나서는 배가 부르다는 핑계로 마냥 놀고, 저녁때가 다 돼서야 억지로 조금 읽었거든요. 책을 읽는 게 재미도 없었고요. 그런데 이제 책을 왜 읽어야 하는지, 어떻게 읽어야 하는지를 알게 되었어요."

녀석의 얼굴이 비로소 환하게 피어오른다. 조그만 주먹을 꼭 쥐고 있는 것을 보니 녀석이 가슴속으로 굳게 다짐하고 있음을 알 수 있다.

"그러나 한 가지 명심해야 할 것이 있단다. 책을 읽다가 어려운 대목에서는 등에서 열이 나고 머리가 가렵고 마음이 어지럽게 되기도 하지. 이런 때에는 책을 읽지 말고 아무 생각도 하지 말거라. 밖에 나가 친구들과 노는 것이 좋단다."

"왜 그래야 하죠?"

"책을 억지로 읽으면 정신과 몸이 병들 수 있기 때문이란다."

"아, 네."

"무슨 일이든 지나치면 모자라는 것만 못한 법이지. 아증이도 이제부터는 규칙적으로 책을 읽고, 책 읽는 시간을 점차 늘려 나가면 훌륭한 선비가 될 거야."

"외삼촌처럼 말이죠?"

"나처럼? 껄껄. 아증이는 나보다 더 나은 사람이 돼야지."

녀석이 지루해 할 때도 됐는데 의문이 봇물 터진 듯이 생기는 모양이다. 책을 읽으며 새로운 것을 깨달았을 때의 즐거움이 그러하듯이 말이다. 녀석이 하마터면 잊어버릴 뻔했다는 듯이 묻는다.

"참, 외삼촌! 저처럼 책 읽기를 별로 좋아하지 않는 사람이라도 꼭 읽어야 할 책 한 권만 추천해 주세요."

"딱 한 권만?"

"네. 히히."

"요런 꾀쟁이 같으니라고. 음! 그렇다면 《고문선》이라는 책을 읽어 보렴. 옛날의 훌륭한 문인들이 쓴 글만 모아 놓은 책이란다."

"그럼 아주 좋은 글만 있겠네요?"

"아무렴. 옛사람들이 살며 생각한 것들이 그 속에 고스란히 들어 있으니 오늘의 우리들을 되돌아볼 수 있는 기회가 될 거야. 그러나 오늘날 많은 선비들은 자기만 잘난 줄 알고 옛글을 잘 안 읽는단다. 아주 잘못된 생각이야. 옛날이 있어서 오늘이 있고, 오늘이 있어야 내일이 있다는 생각을 못하는 것이지. 난 이 책을 읽을 때마다 나를 되돌아보곤 하지."

고개를 끄덕이던 녀석이 한마디 톡 뱉는다.

"역사를 배우는 것도 그런 까닭이지요?"

"아증이가 그것까지 안단 말인가? 아이고, 제가 큰 학자를 몰라봤습니다."

"아이, 외삼촌도. 자꾸 놀리시면 삐칠 거예요. 히히히!"

어느덧 따사로운 봄날이 저물고 있다. 어리지만 나를 알아주는 사람과 함께하는 시간이 너무 소중하다. 책만 보는 바보를 닮겠다고 하는 녀석을 보니 내가 헛되게 산 건 아닌가 보다. 가슴속에서 아지랑이가 피어오른다.

이덕무
끊임없는 독서로 정조에게 인정받다

　이덕무는 1741년 6월 11일 한양 관인방에서 이성호와 반남 박씨의 2남 2녀 중 장남으로 태어났다. 그러나 이덕무는 본부인이 아닌 첩에게서 태어난 서자였기 때문에 홍길동이 그랬듯이 아버지를 아버지라 부르지 못하고 형을 형이라 부르지 못하는 슬픔 속에서 자랐다. 서자는 아무리 뛰어난 실력을 가지고 있어도 벼슬길에 나가지 못하는 신세였다.

　그러한 시대와 환경 속에서 태어난 이덕무는 아버지에게 글을 배웠으며, 오직 책 읽는 것을 하늘의 뜻으로 여겼다. 책 베끼기를 좋아하고, 글을 잘 지었던 그는 호리호리한 큰 키에 단정한 모습이었고, 맑고 빼어난 외모를 지녔다고 전해진다. 행동하는 데에 일정한 법도가 있고, 글을 읽는 데 빠져 욕심이 없었으며, 장기나 바둑 같은 놀이에는 눈길조차 주지 않았다. 그는 도리에 어긋나는 자잘한 것을 경계하며, 예절과 품행을 중요시했다. 1766년에 지은 《이목구심서》와 1775년에 지은 《사소절》에 그의 이러한 모습이 잘 담겨 있다. 그는 이 글들을 통해 그의 글재주를 세상에 알렸다.

　그는 집안이 가난하여 종종 굶주렸으나, 그런 가운데에서도 2만여 권의 책을 읽고 수백 권의 책을 베껴 썼다. 글자나 역사적 사실을 따져서 이론적 체계를 세우는 데에서부터 지리, 풀과 나무, 물고기와 곤충의 생태에 이르기까지 폭넓은 지식을 지니고 있었다. 이 모든 것이 책을 통해 얻은 것이었다. 그는 홍대용·박지원·성대중 등과 사귀었으

며, 박제가 · 유득공 · 이서구 등과 함께 《건연집》이라는 시집을 내서 청나라에까지 사가시인의 한 사람으로 이름을 날리게 되었다. 1778년에 중국 여행 기회를 얻어 청나라의 문인들과 교류하고 돌아왔다.

  1779년에 이르러 정조가 규장각을 설치하여 여기에 서자 출신의 우수한 학자들을 검서관으로 등용하고자 했다. 이때 이덕무는 박제가, 유득공, 서이수 등과 함께 검서관으로 뽑혀 사검서라고 불렸다. 정조의 총애를 받으며 규장각에서 《국조보감》, 《대전통편》, 《무예도보》, 《규장전운》, 《송사전》 등의 여러 서적을 편찬하고 교정하는 일에 참여하였으며, 많은 시와 산문을 남겼다. 이덕무는 서울의 지도인 〈성시전도〉를 보고 시를 읊었는데, 정조가 그 시를 보고 우아하다고 평가할 정도로 글재주가 뛰어났다. 이 때문에 이덕무는 자신의 호를 우아한 정자라는 뜻의 '아정'이라고 새로 정하기도 했다.

  이덕무는 1793년 1월 25일 병이 나서 세상을 떴다. 그러자 정조는 그의 지식과 재주를 애석하게 여겨 내탕전이라는 임금의 개인 돈 500냥을 내려 8권 4책의 《아정유고》라는 문집을 만들어 주었다. 또한 정조는 이덕무의 아들인 이광규를 그 뒤를 이어 검서관으로 임명했다. 정조가 이덕무를 얼마나 아끼고 사랑했는지를 잘 알 수 있다. 뒷날 이광규가 이덕무의 글을 전부 모아 《청장관전서》 71권 33책으로 편찬하여 오늘날까지 전해오고 있다.

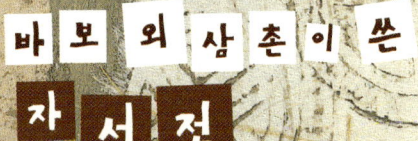
바보 외삼촌이 쓴 자서전

간서치전

옛날 옛적 호랑이 담배 피우던 시절에 남산 아래 어떤 어리석은 사람이 살았다. 그는 말을 잘하지 못했으며, 성격이 좀스럽고 게을러 세상의 일을 알지 못하고, 바둑이나 장기는 더욱 알지 못했다. 남들이 욕을 해도 변명하지 않고, 칭찬을 해도 우쭐대지 않았다. 그는 오직 책 보는 것을 즐겁게 여겨 추위나 더위나 배고픔을 전혀 알지 못했다.

그는 어렸을 때부터 21살이 될 때까지 하루도 책을 손에서 놓은 적이 없었다. 그의 방은 매우 작았지만 창문이 세 개나 있어서 동쪽에서 서쪽으로 해를 따라가며 밝은 데에서 책을 보았다. 못 보던 책을 보면 기뻐서 웃었으므로 집안사람들은 그가 웃는 것을 보면 그가 기이한 책을 구했다는 것을 알아차렸다.

두보의 시를 좋아하여 앓는 사람처럼 웅얼거리고 깊이 생각하다가 뜻을 깨우치면 기뻐서 일어나 왔다 갔다 하면서 소리를 질렀다. 어떤 때는 조용히 아무 소리도 없이 눈을 크게 뜨고 멀거니 책을 보기도 하고, 어떤 때는 꿈꾸는 사람처럼 혼자서 중얼거리기도 했다. 그래서 사람들은 그를 '책만 보는 바보'라고 불렀다. 그래도 그는 그저 웃을 뿐이었다.

바보 외삼촌이 즐겨 읽은 책

논어

논어는 공자의 말을 위주로 한 유교의 경전이다. 사서의 하나로 중국 최초의 어록이기도 하다. 공자는 전쟁이 끊이지 않던 혼란스런 춘추전국시대를 산 고대 중국의 사상가로, 이 책 속에는 혼란한 세상을 바로잡으려 했던 공자의 고민이 깊이 새겨져 있다. 공자와 그 제자와의 문답을 주로 하고, 공자의 말과 발자취를 통해 깨달은 인생의 교훈이 되는 짧은 글들이 담겨져 있다. 이덕무가 이 책을 통해 아픔을 달랜 것은 공자 역시 뛰어난 분이지만, 자기의 길을 고집스럽게 걸어서 자신처럼 세상에 받아들여지지 않았기 때문이었다.

맹자

맹자(기원전 372-289년)는 중국의 여러 나라들이 무력으로 영토를 넓히려 할 때, 이것에 반대하여 각국을 돌아다니며 도덕으로 나라를 다스릴 것을 호소한 사상가이다. 그러나 공자와 마찬가지로 자기의 뜻을 이루지 못하고 세상을 떴다. 이 책은 맹자와 여러 나라의 왕과 제후, 그리고 제자들과의 문답 내용을 모은 것이다. 총 7권으로 되어 있으며, 《논어》, 《대학》, 《중용》과 함께 사서의 하나이다.

고문선

김석주가 편집한 책으로 중국의 전국 시대부터 송나라에 이르기까지 모두 백여 편의 글이 실려 있다. 한유, 유종원, 구양수, 소식과 같은 이름난 선비들과 덕이 높은 선비들의 글로 이루어져 있다. 그 내용이 넓으면서도 간략해서 시대별로 문장이 변화하는 모습을 뚜렷하게 살필 수 있다. 수많은 책을 읽은 이덕무가 이 책을 반드시 읽어야 한다고 한 것은 바로 뛰어난 문인들의 다양한 글을 한자리에서 볼 수 있기 때문이었다.

서당 일일 훈장이 된 김득신

좋은 옛글 중 짧은 글을 반복해서 읽다

"훈장님! 안녕하세요?"

시원한 바람이 부는 초여름, 뻐꾸기 소리가 정겨운 날이다. 서당의 대청마루에 올망졸망 모여 앉은 학동들의 인사하는 소리가 쩌렁쩌렁하다. 씩씩한 모습이 보기 좋다.

나는 오늘 우리 마을 서당의 일일 훈장이 됐다. 쑥스러운 마음에 몇 번이나 거절했지만, 젊은 서당 훈장의 간곡한 부탁이 있어 마지못해 허락을 했다. 내가 좀 유명해지긴 했나 보다. 나보고 학동들에게 책을 어떻게 읽을 것인지에 대해 가르쳐 달라고 하는 걸 보니 말이다. 오랜 기간 책을 읽으며 노력해 온 보람이 있다. 비록 오늘 하루지만 내가 학동들을 가르치는 훈장이 되다니…….

"학동들, 잘 지내오?"

"네!"

합창하듯이 대답하는 학동들의 눈이 반짝인다. 70살이 막 넘은 나도 기운이 펄펄 솟는 듯하다.

"오늘 나는 학동들에게 그동안 내가 책을 읽어 온 경험을 이야기하려고 해요. 무엇이든 궁금한 것이 있으면 질문해요. 내가 모든 것을 있는 그대로 솔직하게 말하도록 하지요."

잠시 조용하더니 얼굴에 장난기가 더덕더덕 붙은 학동 하나가 손을 번쩍 든다.

"훈장님은 아주 유명한 분이라고 하던데요. 진짜 그런가요?"

그러자 곁에 앉아 있던 학동들이 내 눈치를 보며 조그만 목소리로 핀잔을 준다.

"야, 그런 걸 여쭤 보면 어떻게 하냐?"

혹여 내 마음이 상할까 염려하는 학동들의 마음이 오히려 고맙다.

"껄껄. 그런 말이 있나요? 그거 아주 기분 좋은 말이네요. 그러나 그건 분에 넘치는 칭찬인데요."

이때 곁에 앉아 있던 이 서당의 젊은 훈장이 거들고 나선다.

"오늘 일일 훈장님으로 모신 김득신 선생님은 대단한 시인이세요. 효종 임금님께서 훈장님이 쓴 시를 보시고 '중국의 시인과 비교해도 부끄럽지 않다.'고 하셨거든요. 또 유명한 시인이신 택당 이식 선생님께서도 훈장님을 이 시대 최고의 시인이라고 칭찬하셨어요."

"우아! 임금님께서 칭찬하셨대."

"햐! 진짜 유명한 분인가 봐."

학동들의 감탄 소리에 나 같은 노인의 얼굴이 다 붉어진다.

"여러분의 훈장님 말씀처럼 난 그렇게 유명한 사람도 아니고, 잘난 사람도 아니에요. 난 그저 책 읽기를 좋아하는 사람일 뿐이지요."

그러자 똘똘하게 생긴 학동이 불쑥 나서며 말한다.

"훈장님은 유명한 시인이라고 하시는데, 그게 책 읽기 좋아하는 것과 어떤 관계가 있나요?"

놀라운 일이다. 저 어린 나이에 어쩜 저렇게 요점을 한 번에 지적할 수 있단 말인가? 어린 학동들이라고 대충대충 대답했다가는 큰코

이식(1584~1647년) 조선 인조 때의 문신이자 학자로, 조선 중기에 문장으로 이름 날린 4명 중의 한 사람이다. 벼슬은 이조 판서까지 이르렀다. 병자호란 때 청나라와의 화친을 적극적으로 반대한 척화파의 한 사람으로 청나라에 잡혀갔다 돌아오기도 했다.

다치겠다.

"물론 관계가 있다마다요. 난 책을 열심히 읽었기에 오늘의 내가 있다고 생각해요. 좋은 글을 많이 읽었으므로 좋은 글을 쓸 수 있는 것이지요."

"그럼 어떤 책을 주로 읽으셨나요?"

"물론 천자문에서 시작해서《동몽선습》,《소학》,《사서삼경》등 선비라면 누구나 읽는 책들을 주로 읽었지요."

그러자 옷을 단정하게 입은 학동이 고개를 갸우뚱하며 묻는다.

"모든 선비들이 읽는 책만을 읽었는데, 어떻게 다른 선비들보다 뛰어날 수 있나요?"

이어 학동들이 봇물 터지듯이 질문을 해 댄다.

"그런 책을 읽는다고 누구나 유명한 시인이 되는 건 아니잖아요?"

"치! 우리한테 뭐 감추고 말씀 안 하는 게 있는 거죠?"

그러자 처음에 질문했던 학동이 옷매무새를 고치며 공손하게 다시 묻는다.

"훈장님은 어떻게 책을 읽으셨기에 다른 사람들보다 훌륭한 분이 되셨나요?"

"그것 참 어려운 질문이군요. 나는 남보다 머리가 좋거나, 실력이 뛰어난 사람이 아니오. 그러나 내가 남보다 나은 점이 있다면 아마 남보다 더 많은 노력을 했다는 데 있을 거예요."

"어떤 노력을 하셨는데요?"

"난 많이 읽었어요. 많은 책을 읽었다는 말이 아니라 같은 글을 많이 읽은 거지요."

학동들이 슬슬 호기심이 생기는 모양이다. 내 입에서 어떤 말이 나올까 기대하며 집중하고 있다. 학동들의 이런 모습은 마치 긴 귀를 쫑긋 세우고, 야무진 입을 오물오물하며, 큰 눈을 깜빡이는 토끼들 같다.

"같은 책 전체를 반복해서 읽은 게 아니라 짤막한 글을 반복해 읽었어요. 선비들이 많이 읽는 책들 중에서 유명한 글과 좋은 글을 계속 읽은 것이지요."

"얼마나 많이 읽으셨는데요?"

"31살 때인 1634년부터 67살 때인 1670년 사이에 1만 번 이상 읽은 옛글만 36편이 되죠."

"네에? 마, 마, 만 번요?"

"마, 말도 안돼. 어떻게 그럴 수 있죠?"

"정말 만 번 이상 읽은 글이 36편이나 돼요?"

학동들의 벌어진 입이 다물어지질 않는다. 모두 동그래진 눈을 깜빡거릴 뿐이다. 이때 얼굴이 까무잡잡한 게 노는 데 있어서 둘째가라면 서러울 정도로 개구쟁이처럼 생긴 학동이 따지듯이 묻는다.

"도대체 어떤 글들을 그만큼 읽으셨는데요?"

"〈획린해〉와 〈사설〉 등은 1만 3천 번씩 읽었고, 〈제약어문〉 등은 1만 4천 번씩 읽었지요. 〈백리해장〉 등은 1만 5천 번, 〈귀신장〉과 〈중용서문〉은 1만 8천 번씩을 읽었어요. 또한 〈노자전〉과 〈능허대기〉와 〈보망장〉 등은 2만 번씩 읽었지요."

여기저기서 감탄하는 소리에 자그마한 서당이 들썩이다 못해 무너질 정도이다. 한쪽에선 한숨 소리마저 새어 나온다. '나는 언제 그만큼 읽겠냐?'는 투다. '왜 이렇게 날이 덥냐?'며 손으로 부채질하는 시늉을 하는 학동들도 적지 않다.

이왕 놀라게 하는 김에 마저 놀라게 해야겠다. 어차피 70살이 넘은 내 경험이 학동들에게 도움이 되게 하려면 솔직하게 모두 밝히는 게 나을 것이다. 어린 학동들 마음에 좀 부담이 되긴 하겠지만 말이다.

"이왕 말이 나왔으니 모두 말하지요. 그중에서도 사마천의 《사기》에 실려 있는 〈백이전〉은 1억 1만 3천 번을 읽었소. 그래서 우리 집 이름도 책을 억만 번 읽은 집이라는 뜻으로 '억만재'라 지었지요."

"네에? 몇 번요?"

"우아! 억만 번이래."

"휴! 난 커서 집을 지어도 '오십재'라는 이름도 못 붙일 거야."

놀란 학동들이 거의 쓰러질 지경이다. 마루에 두 손을 대고 간신히 버티는 학동, 벽에 기대어 허공을 바라보는 학동, 두 손으로 머리를 감싸고 멍하게 앞을 보는 학동……. 그야말로 각양각색의 반응을 보이고 있다. 이제 분위기를 조금 진정시켜야겠다.

"나만 이렇게 책을 읽은 건 아니랍니다. 유희춘은 《주자대전》을 모

주자대전 중국 송나라의 성리학자인 주자가 일생을 두고 쓴 문집이다. 그의 학설과 여러 학자들의 질문에 답한 편지들과 시, 기, 명, 비문, 묘지 등 문예에 관한 글들을 함께 모은 방대한 책이다. 주자가 죽은 후 제자들이 엮은 것으로, 본편 100권과 별집 11권, 속집 10권으로 이루어져 있다. 이것들을 모아 완전히 편찬한 것은 1165년이다. 이 책은 우리나라에서는 1543년(중종 38년)에 처음 간행했고, 1575년(선조 8년)에 다시 간행했다.

두 외웠으며, 송익필은 《주자어류》를 모두 외웠지요. 또한 조헌은 이 두 책을 모두 외웠고요. 그리고 윤기는 70살이었을 때도 《강목》을 한 글자도 틀리지 않게 외울 수 있었다고 해요. 그러니 내가 〈백이전〉을 1억 1만 3천 번 읽은 건 그리 큰일도 아니죠."

이때 가까스로 정신을 차린 학동 하나가 입을 뗀다.

"내용을 다 외울 정도로 그렇게 많이 읽으셨는데도 왜 계속 반복해서 읽으셨나요?"

"〈백이전〉은 그 내용이 드넓고 변화가 많기 때문이에요. 읽을 때마다 그 글이 풍기는 고상한 기운을 새롭게 느낄 수 있거든요."

"훈장님! 〈백이전〉이 어떤 내용인지 저희들에게 일러 주세요."

"그럴까요?"

"네!"

학동들의 우렁찬 대답 소리가 듣기 좋다. 무언가에 호기심이 있고 흥미가 있다는 것은 곧 무언가를 이룰 수 있다는 말과 같기 때문이다. '도대체 어떤 글이기에?' 하는 궁금증을 가진 학동들이 내 앞으로 다가앉는다.

 주자어류 중국 송나라의 주자학자인 여정덕이 1270년에 펴낸 책으로 주자의 어록을 모은 것이다. 전체 140권으로 정식 명칭은 《주자어류대전》이다. 내용은 주자와 제자 사이의 문답으로 100명이 넘는 사람과의 문답 기록을 모았다. 주자의 사상을 아는 데 중요한 문헌이지만 주자의 학설과 모순되는 대목도 적지 않다.

 강목 송나라의 주자가 지은 역사책이다. 총 59권으로 되어 있으며 원래 이름은 《자치통감강목》인데 줄여서 《강목》이라고도 부른다. 사마광이 지은 《자치통감》 294권을 분류한 책으로 기원전 403년에 서기 960년에 이르기까지 1,362년간의 역사를 정통과 비정통으로 나누었다. 주자는 큰 틀만 썼고, 그의 제자인 조사연이 세부 사항을 완성하였다. 우리나라에서는 세종 때 주석을 붙인 《훈의자치통감강목》이 처음 간행되었으며, 그 후 여러 번 거듭 간행되었다.

옛날 옛적에 백이와 숙제라는 형제가 살았다. 이 두 사람은 고죽국이라는 나라의 왕자였다. 왕인 아버지는 형이 아닌 아우를 다음 왕으로 삼으려고 했다. 그런데 아우인 숙제는 아버지가 죽은 뒤 형 백이에게 왕 자리를 양보했다. 그러자 백이는 "아버지의 명령을 어길 수 없다."고 말하면서 그 자리에 앉지 않았고, 숙제도 "형을 놔두고 내가 왕이 될 수 없다."며 그 자리를 거절했다.

결국 백이와 숙제는 고죽국을 떠나기로 결심했다. 두 사람은 주나라의 문왕이 노인들을 잘 받든다는 소문을 듣고 그를 찾아가 의지하고자 했다. 그러나 가 보니 문왕은 이미 죽었고, 그 아들인 무왕이 뒤를 이어 왕이 되어 있었다.

그때 무왕은 아버지를 상징하는 위패를 수레에 싣고 은나라의 나쁜 임금인 주왕을 공격하려고 했다. 이에 백이와 숙제는 무왕의 말고삐를 잡고 간절하게 말했다. "아버지가 돌아가셨는데 장례는 치르지 않고 바로 전쟁을 일으키다니 이를 효도라고 말할 수 있습니까? 또한 당신은 포악한 임금과 똑같은 포악한 방법으로 주왕을 죽이려 하다니 이를 어진 일이라고 말할 수 있습니까?"라고 했다. 그러자 무왕의 곁에 있던 사람들이 백이와 숙제를 죽이려 했다. 이때 무왕의 신하 태공이 "이들은 의로운 사람들이다."라고 하며 살려 보내 주었다.

위패 죽은 사람의 이름을 적은 나무패로 신주라고도 한다. 대개 밤나무로 만드는데, 길이는 여덟 치, 폭은 두 치가량이고, 위는 둥글고 아래는 모나게 생겼다. 몹시 귀하게 여겨 조심스럽고 정성스럽게 다루거나 간직하는 모양을 '신주 모시듯 한다.'고 한다.

그 후 무왕은 결국 은나라를 쳐서 주왕을 죽이고는 주나라를 세웠다. 그러자 백이와 숙제는 주나라 백성이 되는 것을 부끄럽게 생각했다. 그래서 그들은 지조를 지켜 주나라에서 나는 음식을 먹지 않고, 수양산에 들어가 고사리를 먹고 살았다. 그러다 마침내 이들은 수양산에서 굶어 죽고 말았다.

학동들의 표정이 다소 진지해졌다. 가운데 앉은 한 학동은 눈물을 글썽이는 것 같다.
"학동들은 이 이야기를 듣고 어떤 생각을 했나요?"
앞에 앉아 골똘히 생각에 잠겨 있던 학동이 입을 연다.

"전 자기의 주장을 굽히지 않고 끝까지 절개를 지킨 두 사람의 모습에 감동했어요."

"저는 형제간에 서로 왕위를 양보하는 아름다운 마음을 보고 가슴이 뭉클했어요."

곁에 있던 학동이 또 다른 소감을 말하자, 여기저기서 한 마디씩 거들었다.

"백이와 숙제가 너무 불쌍해요. 굶어 죽다니."

"난 어제도 형과 싸웠는데……."

"난 이제부터 먹을 게 생기면 꼭 동생하고 나눠 먹을 거야."

웅성웅성하는 학동들의 모습이 아름답다. 자신을 되돌아보며 새롭게 살겠다는 다짐이야말로 공부하는 이의 기본 아닌가.

"학동들의 말이 모두 맞아요. 나도 그런 백이와 숙제를 닮으려고 매일 끊임없이 읽으며 그들의 깊은 뜻을 되새겼거든요."

"아하! 그래서 그러셨구나."

"그래도 1억 1만 3천 번은 너무했어."

이때 코를 훌쩍이던 학동이 굳은 결심을 한 듯이 씩씩하게 말한다.

"나도 매일 〈백이전〉을 읽어야지."

"아이고, 매일 훈장님께 꾸지람이나 듣는 주제에 뭘 읽는다고? 지금 서당에서 읽고 있는 《동몽선습》이나 매일 읽으시지. 낄낄."

아마 저 학동은 책을 열심히 읽지 않았던 모양이다. 옆에 있던 친구가 놀리자 그 학동이 다시 볼멘소리로 받아친다.

"흥! 오늘부터 책을 열심히 읽으면 되지! 그래서 나도 백이와 숙제처럼 훌륭한 선비가 될 거다, 뭐."

"두고 보면 알지."

안 되겠다. 내가 나서야겠다.

"친구를 비웃는 건 좋지 않아요. 저 학동은 어제까지의 잘못을 고치려고 지금 막 결심한 거예요. 오늘부터 노력한다면 저 학동은 누구보다도 멋진 선비가 될 거예요. 학동들, 안 그렇나요?"

"네! 그래요."

학동들이 우렁찬 소리로 너나없이 합창한다. 마치 자기들도 결심했다는 듯이 말이다.

책에 관한 이런저런 얘기를 하다 보니 어느덧 점심때가 되었다. 모르던 세계를 엿본 학동들의 얼굴이 밝다. 나도 오랜만에 즐거운 시간을 보냈다. 손자 또래의 학동들과 함께한 시간이 더없이 소중하게 느껴진다. 먼 훗날 이 학동들 중에서 나보다 나은 사람이 나올 것이다. 아니 그런 인물이 나와야 한다. 내가 바로 그런 학동들에게 오늘 하나의 빛을 주었다면 이보다 보람된 일이 또 어디 있겠는가. 후학들을 이끌어 가는 훈장의 어깨가 무거운 이유를 이제야 알 것 같다.

서당의 젊은 훈장과 차 한 잔을 마시며 한가한 시간을 갖는다. 그새 학동들은 다 돌아간 듯하다. 젊은 훈장의 배웅을 받으며 서당을 나서자 울타리 곁에 눈에 익은 학동 하나가 쭈그려 앉아 있다. 아까 학동들과 대화하는 내내 풀이 죽어 말 한 마디 안하던 바로 그 학동이다. 무슨 일일까?

"집에 안 가고 여기서 뭐 하니?"

"훈장님, 전 머리가 나빠서 책을 읽어도 무슨 말인지 잘 모르겠어요. 또 잘 외워지지도 않고요. 잘하고 싶은데 안 돼서 항상 슬퍼요."

갑자기 나의 어둡던 어린 시절이 떠오른다. 기억하고 싶지 않은 그 시절의 나를 보는 듯하다. 이 어린 학동을 위해 감추고 싶은 내 얘기를 해 주어야 할 것 같다.

"그랬구나. 그러나 걱정 말거라. 나도 어린 시절에는 머리가 너무 나빠 10살이 되어서야 간신히 글을 깨칠 수 있었단다."

"네에? 설마 그럴 리가요."

"정말 그랬단다."

"치! 절 위로하려고 괜히 그러시는 거죠?"

하기야 그토록 많은 글을 읽었다고 하고, 지금 남들이 훌륭한 시인이라고 하는 내가 어릴 때 그랬으리라고는 상상도 못할 일이겠지. 그러나 사실인걸.

"우리 아버지는 내가 태어나기 전에 꿈에서 노자를 만나고는 똑똑한 아이가 태어나리라 생각했단다. 그런데 나는 머리가 너무 나빠 글을 배워도 도대체 진도가 나가질 않았어. 주위에선 저런 바보가 어디 있느냐고 혀를 차며 글공부를 시키지 말라고까지 했지."

"정말요?"

조금 전만 해도 말하기조차 귀찮다는 듯이 앉아 있던 학동의 눈이

노자 초나라 사람으로 이름은 '이이'이다. 일찍이 문헌 자료의 수집과 보관을 관장하는 관직을 맡고 있었고, 그 무렵에 공자를 만나 가르침을 주었다고도 한다. 그는 주나라가 쇠퇴하는 것을 한탄하며 관직을 버리고 서쪽으로 가는 도중에 도덕경이라는 두 편의 글을 지었다 한다.

동그래진다.

"그러나 난 포기하지 않았어. 그러자 우리 아버지는 오히려 내가 모자라면서도 공부를 포기하지 않으니 그게 오히려 대견스럽다고 하셨지. 큰 그릇은 천천히 만들어진다고 하면서 말이야."

"그래서 어떻게 됐나요?"

"내가 21살 때였지, 아마. 그때 우리 아버지는 부산 동래 감사였는데, 내가 글 한 편을 지어서 갖다 보여 드렸더니 너무 잘했다고 하시면서 감동하시는 거야."

눈이 동그랗던 학동이 부러운 목소리로 되묻는다.

"너무 좋았겠다. 그렇죠?"

"암. 난 너무 좋아 펄쩍펄쩍 뛰었어. 칭찬이라고는 난생 처음 들어 보았으니까. 하늘을 나는 듯했어."

"그 다음에는요?"

"물론 더 열심히 책을 읽기 시작했지. 23살 때에는 마침내 이식 선생님께서 내 글을 보고 칭찬해 주셨단다."

"우아! 그러고는요?"

"그다음부터는 죽기 살기로 책을 읽었단다. 눈이 오나 비가 오나 자나 깨나 그저 책만 읽었어. 결국 남들보다 한참이나 늦은 39살이 되어서야 진사과에 합격하고, 59살에야 과거에 급제했지만 이룰 건 다 이루었지. 허허허."

내가 언제 풀이 죽어 있었냐는 듯이 학동의 얼굴에 밝은 기운이 피어오른다. 그러나 아직 의심스러운 눈치이다.

"정말 저처럼 머리가 나쁜 아이도 책을 열심히 읽으면 훈장님처럼 될 수 있을까요?"

"아무렴, 그렇고말고. 내가 어느 정도였는지 말해 줄까?"

"네."

"오늘 같은 어느 여름날이었지. 내가 하인이 끄는 말을 타고 가는데, 어느 집에선가 글 읽는 소리가 들려서 한참 동안 서서 들었어. 그런데 그 글이 아주 귀에 익은데 제목이 생각나지 않는 거야. 그러자 하인이 말하길 '나리께서 매일 읽는 건데 이걸 모르신단 말씀이십니까?' 하더라고. 하하하. 그제야 그게 바로 내가 1억 1만 3천 번이나 읽었던 〈백이전〉

이란 걸 알았어."

"아유! 정말 너무하셨어요. 깔깔깔!"

이제 학동과 내가 할아버지와 손자처럼 가까워진 듯하다. 쓰러질 듯이 배를 움켜쥐고 웃는 모습을 보니 내 마음이 더 좋다.

"아, 또 한번은 한식날 하인과 길을 가다가 시를 짓게 됐어. '말 위에서 한식을 만나니' 하고 첫 구절을 지었는데, 도대체 다음 구절이 떠올라야지. 그래 한참 동안 낑낑대자 하인이 대뜸 '도중에 늦은 봄을 맞이하였네.' 하는 거야. 나는 깜짝 놀라서 하마터면 말에서 떨어질 뻔했지 뭐냐?"

"아니, 하인이 어떻게 그렇게 유식할 수 있죠?"

"하하하. 어떻게 알았냐고 나도 물어봤지. 그랬더니 그 하인이 씩 웃으며 말하길 '그건 나리께서 날마다 외우시던 당나라 시가 아닙니까?' 하더라고. 나 원 참."

"나보다 더 심하셨네요. 난 그 정도는 아닌데. 히히히."

"내가 봐도 너무 심했지. 좋게 말하면 글에 폭 빠져서 어느 게 읽은 글이고, 어느 게 내 생각인지 몰랐던 거야. 그러니 심하게 말하면 난 머리가 나빴던 것이지."

"훈장님, 그건 머리가 나쁜 게 아니라 그만큼 집중하셔서 그런 걸 거예요. 그럼요."

학동이 이제는 날 위로해 준다. '이게 뭔가 뒤바뀐 것 같은데?' 하는 생각이 든다. 그래도 기분은 좋다. 내가 풀 죽은 학동에게 힘을 불어넣어 주어 이렇게까지 됐으니 말이다.

"고맙구나. 날 그렇게 생각해 주니. 하여간 난 엄청나게 읽었단다. 결혼 첫날밤에도 책을 읽었으니까."

"첫날밤에도요?"

"장모님은 내가 책을 좋아한다는 소문을 듣고는 책을 모조리 치워 놓으셨어. 그런데 난 신부를 제쳐 두고 방을 뒤져 장롱 밑에 있는 책력을 발견했지 뭐냐. 달력의 내용을 자세하게 적어 놓은 책 말이다. 밤새도록 읽고 또 읽었는데, 그처럼 심심한 책은 난생처음 봤단다."

"달력을 읽으셨다고요? 히히히. 너무하셨어요."

"그러게 말이다. 그러나 그런 열정이 있었으니까 오늘의 내가 있는 게 아니겠니?"

고개를 끄덕이며 스스로 다짐하는 학동의 모습을 보니 그만해도 될 성싶다.

"재주가 남만 못하다고 포기하지 말거라. 나처럼 멍청한 사람도 결국에는 다 이루지 않았느냐? 모든 것은 노력하는 데 달려 있단다."

"이제 저도 할 수 있을 것 같아요. 훈장님, 고맙습니다."

손을 꼭 쥔 나와 학동 곁으로 시원한 바람이 한 줄기 스쳐 지나간다. 담장보다 웃자란 해바라기가 학동을 내려다보며 방긋 웃는다.

책력 오늘날의 달력과 같은 것이다. 일 년 동안의 월 일, 해와 달의 움직임, 월식과 일식, 절기와 특별한 기상 변동 등을 날짜별로 적은 책이다. 예전에는 농사를 지을 때, 또는 결혼이나 이사하기 좋은 날을 고를 때 책력을 보았다.

김득신
책 읽기로 어리석음을 극복하다

김득신은 1604년 10월 18일에 태어났다. 어릴 때 아버지에게 수업을 받았으나, 총명하지 못해 잘 이해하지 못했다. 어느 날 동래 감사인 아버지가 학문에 발전이 있다고 칭찬해 주자 그 뒤로 더욱 공부에 힘쓰게 되었다. 이후 마침내 1626년에 당시 최고의 시인인 이식에게 시를 인정받게 되고, 이름을 크게 떨치게 되었다.

1642년에 진사 시험에 합격하여 숙녕전 참봉이 되었으나 곧 그만두고 글만 읽었다. 김득신이 살던 때는 책을 쉽게 구할 수 없는 시대였다. 따라서 선비라면 반드시 읽어야 할 고전이나 이름난 문인들의 글을 반복하여 읽곤 하였다. 김득신 역시 선비들이 즐겨 읽는 책들을 되풀이해서 읽었다. 그러나 그는 이해력이 떨어져 남보다 더 많이 읽어야만 했다. 그러고는 자기가 책을 몇 번씩 읽었는지를 〈독수기〉라는 글에 기록하였다. 《사기》에 실려 있는 〈백이전〉의 경우는 무려 1억 1만 3천 번이나 읽었다고 하였다. 억은 오늘날의 10만이므로 11만 3천 번을 읽었던 것이다. 그리고 《사서삼경》, 《사기》, 《한서》, 《장자》 등의 여러 책 중에서 어떤 글은 6~7만 번씩이나 읽었으며, 적게 읽은 것도 수천 번씩은 읽었다.

정약용도 이러한 김득신의 독서 습관을 보고 감탄을 금치 못했다. 정약용은 글자가 만들어진 이전과 이후로 수천 년 동안, 또한 전 세계 3만 리를 통틀어서 독서에 부지런하고 뛰어난 이로는 당연히 김득신을 제일로 삼아야 할 것이라고 말했다. 안정복도 김득신을 평가하기

를, 그는 성품이 어리석고 멍청하였으나 글 읽기만은 좋아하여 밤낮으로 책을 부지런히 읽어 문장이 빼어난 글을 읽는 데 있어 만 번을 채우지 않으면 책 읽기를 멈추지 않았는데, 뒷날 문장으로 이름을 드날렸다고 칭찬했다.

그러나 그에 대한 비난도 없지는 않았다. 글쓰기를 좋아하기로 소문난 이덕무는 김득신의 시가 더러 당나라의 시와 비슷한 것도 있지만, 어떤 것은 전혀 힘이 없고 고지식하다고 했다. 또한 한평생 글을 많이 읽기로는 예로부터 그만한 사람이 없지만, 그의 문집에는 시를 제외한 글들이 몇 편 안 될 뿐만 아니라 눈여겨볼 만한 것도 없으니 재주가 무척 둔한 사람이라고 비난했다.

김득신은 1662년에 비로소 문과에 급제하여 전적, 직강, 병조 좌랑, 강원도 도사, 장령, 제용감 정, 사복시 정, 종부시 정, 풍기 군수 등에 임명되었으나 너무 늙어서 모두 취임하지 않았다. 고향에 취묵당이라는 집을 짓고 친구 박장원과 더불어 시를 읊고 술을 마시며 즐겼다. 김득신은 사람들이 과거 시험에만 열중하여 시를 출세의 수단으로만 여기고 있는 분위기를 비판했다. 시의 개성이나 예술성을 무시하고 시험에 맞는 시만을 짓는 것을 못마땅하게 여겼던 것이다. 그는 1684년 8월 30일에 병으로 누워 있던 중 도적의 침입을 받아 세상을 떴다. 1730년에 《백곡집》이라는 문집이 발간되었다.

일일훈장님이 즐겨 읽은 책

동몽선습

조선 중종 때 박세무가 지어 1670년에 간행하였다. 《천자문》을 익히고 난 후의 학동들이 배우는 초급 교재이다. 우선 부자유친(부모는 자식에게 인자하고 자녀는 부모에게 존경과 섬김을 다하라는 뜻), 군신유의(임금은 신하에게 의리가 있어야 하고, 신하는 임금에게 충성을 다하라는 뜻), 부부유별(남편과 아내는 본분이 따로 있으니 이를 잘 헤아려서 서로 침범하지 않고 잘 지켜야 한다는 뜻), 장유유서(어른과 어린아이 사이에는 순서와 질서가 지켜져야 한다는 뜻), 붕우유신(친구 사이에 지켜야 할 도리는 믿음에 있다는 뜻)의 다섯 가지 인륜을 설명하였다. 이어 중국의 삼황오제에서부터 명나라까지의 역사와 우리의 단군에서부터 조선 시대까지의 역사를 서술하였다.

사기

중국 한나라 때의 역사가인 사마천(기원전 145-91년)이 지은 130권에 이르는 방대한 역사책이다. 중국 최초의 문명 시대인 황제 시대에서 사마천이 살던 한 무제 때까지 2,500여 년의 역사를 서술했다. 제왕들의 연대에 따라 발생했던 사건들을 서술한 〈본기〉, 역사적인 사건들을 정리한 〈표〉, 당시의 생활 모습을 분야별로 그린 〈서〉, 제후들의 역사를 그린 〈세가〉, 춘추전국시대를 산 수많은 영웅호걸, 간사한 영웅에서부터 협객과 자객, 그리고 점쟁이와 건달에 이르기까지 다양한 인물들의 삶을 그린 〈열전〉으로 이루어져 있다. 김득신은 이 중에서도 〈열전〉에 실려 있는 〈백이전〉을 그토록 많이 읽었던 것이다. 김득신도 자신의 뜻을 굳게 지키다 죽은 백이와 숙제처럼 살고자 해서 그랬던 것이다.

일일 훈장님, 김득신이 사랑한 시들

❀ 임금님께 칭찬받은 김득신의 시

　낙엽진 고목에는 찬 안개가 일고 / 쓸쓸한 가을 산에는 소나기가 내리네
　저무는 강물에 풍랑이 일어나니 / 어부는 서둘러 뱃머리를 돌리네

❀ 김득신이 진사가 된 날 쓴 시

　한유의 문장과 사마천의 사기 천 번을 읽고서야
　금년에 간신히 진사과에 합격하였네

❀ 김득신이 〈백이전〉을 읽고 쓴 시

　기이하구나 사기의 백이전
　유성룡과 차천로는 만 번을 읽었다 하네
　나 또한 억만 번이나 읽었으니
　가슴 속에 의심나고 어두운 게 있겠는가

❀ 김득신의 비석에 새겨진 시

　무회씨와 갈천씨 시대의 순박한 백성이며
　맹교와 가도처럼 뛰어난 시로구나
　80년 동안 마음가짐이 하루와 같았으니
　억만 번 글을 읽음이 기이하고 기이하도다
　　　　　　　　　　　　　　(판서 이현석 지음)

❀ 백이와 숙제가 굶어 죽기 전에 쓴 시

　저 서산에 올라 산중의 고사리나 꺾자
　포악한 짓으로 포악한 사람을 쳤으나
　그 잘못을 알지 못하도다
　신농과 요와 우의 태평시대는 지나갔으니
　우리는 장차 어디로 돌아갈까
　아 이제는 죽음뿐이로구나
　사그라지는 우리의 운명이여

왕따를 만난 키 작은 황제 나폴레옹

책 속에서 창의력과 용기를 얻다

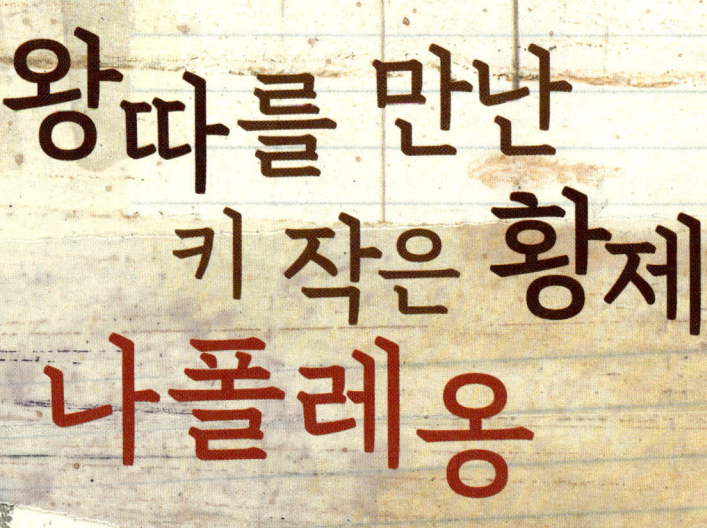

"야호!"

"끼악!"

우렁찬 함성 소리가 연달아 터지며, '풍덩' 하는 소리와 함께 파란 바다에 흰 물보라가 솟구친다. 야트막하고 널찍한 바위에 십여 명의 아이들이 옹기종기 모여 있다. 다이빙할 차례를 기다리며 서로 몸을 밀치기도 하고 간지럼을 태우기도 한다.

"어 어, 밀지 마."

"어우 야, 하지 마."

다급하고도 애원하는 듯한 소리가 하늘을 찌른다. 이어 깔깔대고, 까르르 웃는 낭랑한 소리가 맑은 여름 바다에 넘실댄다.

1820년 8월의 세인트헬레나 섬은 어린이들의 경쾌한 웃음소리로 넘쳐 난다. 그러나 내 마음은 어둡고 무겁다. 내가 죄인으로 이곳에 유배 온 지도 벌써 5년이나 지났다. 비록 황제 자리에서는 쫓겨났지만 난 프랑스를 위해 내 젊음을 바쳤다. 나는 아직도 프랑스로 돌아갈 꿈을 꾸고 있다. 그러나 이제 힘이 많이 빠진 건 사실이다. 나도 저 어린이들처럼 힘이 넘치던 시절이 있었는데…….

바닷가에 우뚝 솟은 등대가 든든해 보인다. 등대 곁에 한 아이가 홀로 앉아 있다. 아이는 먼 바다를 멍하니 바라보고 있다. 잠시 후 조그만 돌을 집어 바다를 향해 힘없이 던진다. 뭔가 심상치 않아 보

유배 죄인을 사람이 살기 힘든 변두리 지역이나 섬 같은 먼 지역으로 보내는 것. 죄의 가볍고 무거움에 따라 가까운 곳과 먼 곳으로 나누어 보냈다. 영국에서는 호주로, 유럽에서는 시베리아로 죄인들을 유배 보냈다.

인다. 불현듯 내 어린 시절을 보는 듯해 가슴이 뭉클해진다. 친구들로부터 따돌림당해 홀로 지내야만 했던 가슴 아픈 시절 말이다.

"얘야, 넌 왜 혼자 여기 있니?"

"……."

"저 아이들처럼 다이빙도 하고, 헤엄도 치면서 놀지 않고."

"……."

꿀 먹은 벙어리가 따로 없다. 입을 꼭 다물고 한 마디 대꾸도 하지 않는다. 그저 돌로 바닥을 긁적이고 있을 따름이다.

"저 아이들이 너랑 놀기 싫다고 하니?"

"……."

"아니면 너를 놀리기라도 하니?"

"……."

그제야 뭔가 잔뜩 긁어 놓은 땅바닥에 아이의 눈물이 뚝뚝 떨어진다. 그동안 어지간히 속상했던 모양이다.

"아이들이 뭐라고 놀리는데 그러니?"

"흑! 저보고 왕말라깽이 주근깨 박사래요."

하마터면 '풋!' 하고 웃음이 튀어나올 뻔했다. 아닌 게 아니라 아이는 갈비뼈가 드러날 정도로 바싹 마른 데다가 뺨과 콧등에는 주근깨가 빼곡하다. 누군지 별명 하나 기가 막히게 지었다. 입술을 깨물며 웃음을 참는다.

"아, 그랬구나. 난 또 뭐 대단히 심각한 일이 있는 줄 알았지 뭐냐?"

"저한테는 심각한 일이에요."

아이가 마음이 상한 듯 고개를 숙인 채 단호하게 말한다.

"아, 미안 미안. 내 말은 네가 말라깽이처럼 보이지도 않고, 또 주근깨 박사라는 말을 들을 정도도 아니라는 뜻이란다."

"그러지 않으셔도 돼요. 절 위로하려고 일부러 하시는 말씀인 거 다 알아요."

"사실 넌 지금 조금 마르긴 했어. 그러나 팔다리가 길쭉길쭉한 걸 보니 나중에 키가 아주 크게 생겼는데 뭐. 난 키 큰 사람을 제일 부러워했거든. 또 주근깨는 크면서 점점 없어지니까 걱정할 것 없고."

그러자 힘없이 앉아 있던 아이가 긴가민가한 표정으로 나를 올려다본다. 아이의 눈을 보니 총명하게 생겼다. 곁에 나란히 앉자 어린 시절로 돌아간 듯하다.

"아저씨는 누구세요?"

아저씨라는 말은 난생 처음 들어 본다. 사람들은 평생 군인이었던 나를 계급으로 불렀다. '소위님', '장군님' 하면서 말이다. 또 내가 황제가 되자 사람들은 나를 '황제 폐하'라고 불렀다. 그러나 지금 나는 평범한 시민일 뿐이다. 이 아이가 유배 와 있는 내 처지를 일깨워 준다.

"난 이 섬과 비슷한 코르시카 섬에서 태어났단다. 원래는 이탈리아의 제노바 식민지였다가 내가 태어날 때쯤 프랑스 식민지로 바뀐 섬이지."

"그럼 저처럼 어릴 때는 프랑스 본토에 가 보지도 못했겠네요?"

"물론이지. 그런 내가 프랑스 본토에 있는 브리엔 군사학교에 들어간 건 10살 때였단다. 그리고 15살에 파리 육군사관학교에 입학했지."

"군인이 되려고요?"

"응. 그때 우리 집은 무척 가난했는데, 사관학교에 가면 나라에서 학비를 대 주었거든."

바다를 바라보며 말하던 아이가 이제는 호기심에 가득 찬 눈으로 나를 바라본다.

"섬에서 온 촌놈이라고 아이들이 안 놀렸어요?"

"본토에서 멀리 떨어진 섬인 데다가 식민지에서 왔으니 말·다했지 뭐. 게다가 코르시카 사투리를 썼으니 내가 말할 때마다 아이들은 깔

깔대며 뒹굴었지. 더구나 나는 학교에서 나눠 준 교복이 땅에 끌릴 정도로 키가 작았단다. 아이들이 나를 식민시에서 온 가난한 땅꼬마 촌놈이라고 놀리는 거야."

"아유! 나보다 훨씬 심했네요."

아이가 이제는 나를 걱정하며 내 쪽으로 몸을 돌려 앉는다. 반짝이는 눈에 진심으로 걱정하는 빛이 감돈다. 어려운 처지에 있는 사람끼리 서로 가엾게 여긴다는 동병상련이라는 말이 실감 난다.

"난 친구가 없었어. 그래서 노는 시간이나 자유 시간이면 난 도서관으로 가서 미친 듯이 책을 읽곤 했지. 책에서 만나는 사람들은 나를 놀리지도 따돌리지도 않았거든."

"책이라고요?"

아이가 책은 생각지도 못했다는 듯이 놀란다.

"그래. 외롭고 견디기 어려울 때 책은 친구가 되어 주었고, 나에게 많은 걸 가르쳐 주었어."

"아! 어떤 책들을 읽으셨는데요?"

"도서관에 있던 폴리비오스의 《역사》라는 책과 집을 떠날 때 아버지께서 주신 《플루타르크 영웅전》을 주로 봤단다."

아이는 그게 어떤 책인가 하며 고개를 갸우뚱한다.

폴리비오스(기원전 204~125년) 고대 헬레니즘 시대의 그리스 역사가이다. 로마가 세계를 통일하게 된 까닭과 중요성을 밝히기 위해 《역사》 40권을 썼다. 이 책은 제1 포에니전쟁에서부터 기원전 144년까지의 로마 역사를 그린 것이다. 폴리비오스는 로마가 세계를 지배한 까닭이 뛰어난 국가 제도에 있다고 주장했다. 그러면서 올바른 정치를 하기 위해서는 서로 상대방을 견제하고 감시할 수 있도록 현명한 군주 정치, 헌신적인 귀족 정치, 다수의 민주 정치를 섞어야 한다는 혼합정체론을 내세웠다.

"《플루타르크 영웅전》은 그리스와 로마 영웅들의 파란만장한 삶을 그린 책이란다. 플루타르크란 철학자가 영웅들을 서로 비교하면서 그들의 성격과 행동의 잘되고 못된 점들을 밝히고 있지. 착한 것과 악한 것, 옳은 것과 그른 것, 참된 것과 거짓된 것, 사랑하는 것과 미워하는 것 같은 인간의 모든 일들을 실감 나게 보여 주고 있어."

"재미있겠네요."

"아무렴. 큰 뜻을 품은 사람이라면 한 번쯤은 반드시 읽어 보아야 할 책이지. 이 책은 영웅들이 세상을 어떻게 정복했느냐 하는 것을 다룬 게 아냐. 그보다는 어떤 생각을 가지고 어떻게 산 사람이 세상에 우뚝 섰는가를 그린 책이란다."

"그럼 그 책을 읽으면 영웅들의 마음가짐을 배울 수 있겠네요?"

"그렇고말고."

아이는 고개를 끄덕이며 귀를 기울인다. 조금 전까지의 외로움에 지친 모습은 어디서도 찾을 수 없다.

"그리고 폴리비오스가 쓴 《역사》는 40권으로 된 로마의 역사책이란다."

"네에? 40권이라고요?"

"좀 많긴 하지만, 난 이 책을 몇 번씩이나 읽었단다. 그러면서 난 로마가 세계를 지배하게 된 까닭을 알게 되었지. 그리고 로마의 엄청난 힘이 얼마나 큰일을 할 수 있는지도 깨달았어."

잠시 골똘히 생각하던 아이가 두 책의 공통점을 알아낸 듯하다.

"그런데 아저씨는 왜 세계를 정복한 영웅들과 그 나라의 역사를 알려고 했죠?"

"허허허. 이거 나만 알고 있는 아주 큰 비밀을 들킨 기분인데."

아이가 궁금해서 못 견디겠다는 듯이 바싹 다가앉으며 다시 다그친다.

"영웅 이야기는 몰라도 역사책은 좀 딱딱하고 어려울 것 같은데, 그걸 왜 그렇게 읽으셨어요?"

"복수를 하기 위해서였단다."

"복수라고요?"

아이가 입을 떡 벌리며 놀란다.

"나를 식민지에서 온 가난한 땅꼬마 촌놈이라고 놀리고 따돌린 녀석들에게 복수하기 위해서였지. 언젠가 난 나를 놀리는 녀석과 싸워서 학교 규칙을 어긴 일이 있었어. 그때 상대방 녀석은 벌금을 내고 용서받았지만, 난 가난해서 벌금을 못 냈단다."

"그래서요?"

"결국 난 벌로 모든 학생들이 보는 앞에서 매를 맞았지. 아픈 건 둘째 치고 창피해서 죽을 뻔했단다."

그때 일을 생각하니 가슴에서 뜨거운 것이 치밀어 오른다.

"그리고 그 뒤에 또 한 번 싸운 적이 있었는데, 그때도 나와 싸운 녀석은 벌금을 내고 빠져나갔단다. 그러나 나는 또 벌금을 못 내서 개처럼 식당 바닥에 앉아 밥을 먹어야 하는 벌을 받았어. 식탁에 앉은 학생들이 키득거리며 날 내려다보는 가운데……."

울컥하는 마음에 말을 잇지 못하겠다. 나를 바라보는 아이의 눈에도 눈물이 그렁그렁하게 맺힌다.

"그때 이후로 난 이를 갈며 그 책들을 읽고 또 읽었지. 반드시 영웅이 돼서 세계를 정복하고, 녀석들에게 복수를 하겠다고 다짐하면서 말이다."

잠시 아무 말 없이 먼 바다를 바라본다. 파란 물결 위를 한가로이 나는 흰 갈매기 한 쌍이 정겹다. 끓어오르던 격한 마음이 다시 차분해진다. 곁에 앉은 아이의 어깨를 감싸 안자 미운 감정이 모두 사라진다.

"그럼 아저씨는 그 뒤에 영웅이 돼서 그 못된 친구들에게 복수하셨어요?"

"아니!"

"네? 복수하려고 그토록 책을 읽으셨다면서요?"

"난 육군사관학교를 졸업하고 포병부대의 장교가 되었어. 그때까지만 해도 난 장군이 되어서 세상이 쩌렁쩌렁하게 울릴 정도로 큰소리치고 싶었지. 그게 날 놀리고 따돌리던 녀석들에게 복수하는 길이라고 생각했던 거야."

"그럼 장군이 되셨나요?"

"됐지."

순간 아이가 벌떡 일어나더니 펄쩍펄쩍 뛰며 환호성을 지른다. 그러자 가까이 앉아 있던 갈매기가 화들짝 놀라 후드득 날아간다.

"우아! 드디어 꿈을 이루셨구나. 그래 그 나쁜 녀석들을 전부 혼내주셨어요?"

"아니!"

"네? 아니 왜 그러셨어요? 나 같으면 녀석들을 전부 불러 모아 자랑했을 거예요. 긴 칼을 허리에 차고 번쩍거리는 황금빛 장식을 단 어깨를 으쓱거리면서 말이죠. 어험!"

아이는 마치 자기가 장군이 된 듯이 신났다. 내가 그동안 창피당하고 무시당한 것을 자기가 대신 갚으려는 듯이 말이다.

"학교를 졸업하고 나서는 책을 읽는 목표가 달라졌거든. 난 학교를 졸업한 다음에도 많은 책을 읽었단다. 다른 장교들은 파티에도 가고 여자를 만나 데이트도 했지만 난 언제나 홀로 책만 읽었어."

"왜 그러셨어요? 여자 친구를 만나면 좋을 텐데요. 헤헤."

"졸업하자마자 아버지가 돌아가셔서 월급을 모두 집에 부쳐야만 했기 때문이지. 그땐 하루에 한 끼만 먹을 때도 많았어."

"그럼 그때도 외톨이였겠네요."

"가난하니까 아무도 같이 있으려고 하지 않더구나. 복수의 꿈으로 이를 갈며 책을 읽던 그때 난 루소라는 사상가를 만나게 되었단다. 내 인생을 완전히 바꾸어 놓은 분이지."

"어디서 어떻게 만나셨는데요?"

"그분이 쓴 책을 보고 알게 되었지."

그처럼 영향을 끼친 사람을 책을 통해 알았다고 하니까 조금 뜻밖이라는 표정을 짓는다. 그러나 외톨이의 인생을 바꾸어 놓았다는 말에 금세 호기심을 보인다.

"어떤 분인데요?"

"루소는 책을 여러 권 썼어. 그는 《인간 불평등 기원론》에서 모든 인간이 자유롭고 평등하다고 외쳤어. 우리가 불행한 이유는 이미 정해져 있는 운명 때문이 아니라 인간이 만든 제도에 있다는 거야. 그러므로 루소는 자연으로 돌아가야 한다고 호소했던 것이지."

"아! '자연으로 돌아가라'고 외쳤던 바로 그분이구나."

아이도 그 말을 익히 들어서 아는 모양이다. 하기야 루소는 오늘날 워낙 유명해지긴 했다.

"또한 《과학 예술론》에서는 귀족들의 학문과 예술이 민중들의 자유를 억누르는 수단이 되어 버렸다는 것을 날카롭게 꼬집었지. 인간은 학문과 예술에 상관없이 인간인 그 자체로 존엄한 존재이기 때문이야. 그는 적은 수의 귀족들이 만들어 놓은 낭비 풍조와 부정부패로 얼룩진 사회를 되살리기 위해서는 민중들에게 학문과 예술을 나눠 주어야 한다고 주장했단다."

"귀족들이 자기들만 알고 자기들끼리만 즐겨서 나쁘다는 거죠?"

"그렇지. 프랑스의 경우에도 전체 인구 2,700만 명 중에 50만 명에 불과한 성직자와 귀족들이 전체 땅의 30퍼센트나 갖고 있었으니까. 그러면서 자기들끼리만 어울리면서 흥청망청했단다."

"에이, 너무했네요."

"그렇고말고. 이어 루소는 《사회 계약론》에서 인간이 사회 계약을 통해 만든 제도가 잘못돼서 부자와 가난한 사람, 권력자와 권력이 없는 사람, 주인과 노예의 차별이 생겼다는 거야. 그는 이런 문제가 인간의 의지로 얼마든지 해결될 수 있다고 했어."

아이가 잠시 골똘히 생각한다. 그러더니 무릎을 탁 치며 한마디 던진다.

"루소의 말대로 하면 성직자나 귀족이 주인이 아니라, 민중들이 주인이 되는 민주주의 사회가 되겠네요?"

"아니, 거기까지 생각하다니. 네가 나보다 훨씬 낫구나. 난 너만 할 때 그런 생각까지는 못했거든."

칭찬을 들은 아이가 쑥스러운 듯이 머리를 긁적이며 흰 이를 드러내고 씩 웃는다. 이렇게 총명하고 밝은 아이를 누가 따돌린단 말인가. 생긴 걸 보고 사람을 판단하는 것이 얼마나 그릇된 일인지를 다시 한 번 되새기게 된다.

"이런 루소의 민주주의 사상은 프랑스 민중들을 일깨워 새로운 사회를 꿈꾸게 해 주었단다. 결국 루소의 생각은 내가 젊은 장교였던 때에 프랑스 혁명이 일어나는 불씨가 되었어."

"아, 그렇군요. 그런데 아저씨는 루소의 그런 책들을 읽으면서 무슨 생각을 했어요?"

"아까 말했듯이 내가 학창 시절에 책을 읽으며 영웅이 되려고 한 까닭은 날 놀린 녀석들에게 복수하기 위해서였단다. 그러나 장교가 되어 루소의 책을 읽으면서는 달라졌지."

"영웅의 꿈을 버렸나요?"

"아니, 영웅의 꿈을 더욱 다졌지."

"……."

"난 못된 녀석들에게 복수하기 위해서가 아니라, 모든 사람들을 잘

살게 해 주기 위해서 영웅이 돼야겠다고 생각했단다."

말이 좀 어려운 모양이다. 아이가 눈을 껌뻑이며 나를 바라본다.

"몇몇 성직자와 귀족들만을 위한 사회가 아니라, 민중들이 잘사는 나라를 만들고 싶었던 거지. 프랑스뿐만 아니라 세계 모든 나라의 민중들이 주인으로 사는 나라를 만들고 싶었던 거야."

"프랑스 혁명이 일어난 뒤에 그 일을 나폴레옹 황제가 했다면서요? 그래서 오스트리아도 무찌르고, 이탈리아도 무찔러 프랑스를 강한 나라로 만드신 거래요. 그러고 보니 나폴레옹 황제님이 아저씨 꿈을 먼저 이루셨네요."

이런 조그만 섬에 사는 어린이가 나를 알고 있다니 놀라운 일이다. 내가 비록 이곳에 유배 와 있다고 해도 그동안 헛되게 살지는 않은 모양이다.

"응? 그, 그렇구나."

"에이! 나폴레옹 황제에 대해서는 저보다도 모르시네요. 히히."

아이가 이제는 날 놀리기까지 한다. 나보고 나를 모른다고 하는 아이를 보니 웃음이 절로 난다. 아무튼 자신감을 가지고 웃는 아이의 얼굴을 보니 나도 기분이 좋다.

"어쨌든 난 젊은 장교 시절에 루소의 책들과 마키아벨리의 《군주론》을 읽으면서 나라를 다스리는 방법을 배웠고, 여러 병법 책들을 읽으면서 전쟁하는 방법을 익혔단다."

"군인이셨으면 도서관에 갈 시간이 별로 없지 않았나요?"

"난 때와 장소를 가리지 않고 독서했단다. 책이 지식과 상상력의

창고라고 생각했기 때문이지. 전쟁터에서도 책을 읽었는데 뭐."

"정말요?"

"오스트리아나 이탈리아를 정벌하는 전쟁터에 나갈 때에도 마차에 책을 가득 싣고 다닐 정도였으니까. 실제로 그때는 적을 포위해서 무찌르는 전법이 유행했는데, 나는 적 한가운데에 대포를 쏘고 난 다음에 양쪽에서 기병대로 공격했어. 난 이런 혁신적인 전법을 써서 모든 전쟁에서 승리했단다. 이 병법도 따지고 보면 독서를 통해 얻은 지식과 상상력을 동원해서 만든 나만의 방법이었지."

"우아!"

"난 책을 읽을 때 뜻을 새겨 가며 자세히 읽었어. 흔히 정독이라고 부르는 방법이지. 그러고는 중요한 내용을 뽑아 공책에 메모해서 잘 정리해 두곤 했지. 나중에라도 언제든지 그걸 꺼내 보면서 생각할 수 있도록 말이야."

그 순간 아이가 뭔가 이상하다는 듯이 고개를 갸우뚱한다. 그러고는 혹시나 하는 표정으로 서서히 입을 연다.

"아저씨! 오스트리아도 이탈리아도 아저씨가 정벌했다면서요?"

"그렇지."

"마차에 책을 가득 싣고 다니며 읽으셨다면서요?"

"아무렴."

"나라를 잘 다스려 모든 사람들을 잘살게 해 주기 위해 책을 읽으셨다면서요?"

"물론이지."

"그, 그런 일은 아무나 할 수 있는 게 아니잖아요?"

"그, 그런가?"

"그럼, 혹시 아저씨가……. 나폴레옹 황제님?"

시치미를 떼려고 했지만 총명한 아이가 내 정체를 알아 버리고 말았다. 할 수 없다. 이젠 밝혀야겠다.

"그래, 맞아. 내가 프랑스의 나폴레옹 황제였단다. 지금은 아니지만 말이다."

"우아! 아저씨, 아니 황제님! 영광이에요. 히히히."

"하하하. 그래 나도 널 만나 반갑다. 남들이 놀리고 따돌리는 것에 신경 쓰지 말거라. 나처럼 철저히 따돌림당한 사람도 나라를 위해 큰일을 하지 않았니? 홀로 있는 시간에 책을 많이 읽으면서 너만의 꿈을 키우고, 너만의 실력을 쌓도록 해라."

"네! 오늘 말씀 감사합니다. 황제님!"

어느덧 이글거리며 타오르던 해가 서쪽으로 뉘엿뉘엿 지고 있다. 저녁노을이 바다를 곱게 물들인다. 내일 저 바다에서 붉은 태양이 다시 힘차게 솟아오를 것인가. 아! 나의 희망이여.

나폴레옹
독서로 황제의 자리에 오르다

　나폴레옹 보나파르트는 1769년 8월 15일 프랑스가 지배하던 코르시카 섬의 아작시오에서 태어났다. 그는 1779년 프랑스 본토의 브리엔 군사학교에, 1784년 파리 육군사관학교에 입학하였다. 일찍이 아버지를 여의고 고생하던 나폴레옹은 졸업 후 포병 장교로 복무하게 된다.

　나폴레옹이 장교로 지내던 당시의 프랑스는 매우 혼란했다. 프랑스의 인구는 2,700만 명이었으나 10만 명 정도에 불과한 성직자들이 나라의 땅을 10퍼센트나 갖고 있었다. 또한 40만 명 정도의 귀족들도 전 국토의 20퍼센트나 되는 땅을 차지하고 있었는데, 이들은 땅뿐만 아니라 엄청난 권력과 수많은 혜택을 누렸다. 전체 인구의 75퍼센트를 차지하고 있던 농민들은 수입의 절반을 세금으로 냈으며, 나라에서 하는 일에 끌려 나가기 일쑤였다.

　또한 프랑스 경제도 계속 나빠지고 있었다. 1786년에 영국과 맺은 자유통상조약으로 영국의 값싼 상품이 들어오면서 프랑스 산업은 흔들리기 시작했다. 비싼 프랑스 물건이 팔리지 않았기 때문이었다. 당시 파리 사람의 절반이 실업자였으며, 왕실의 재정도 위태로웠다. 또 프랑스는 미국의 독립 전쟁을 지원하느라 허리가 휘었다. 1789년에는 일 년 세금이 5억 루블이었는데, 나라의 빚이 자그마치 45억 루블이나 되었던 것이다. 게다가 흉년이 계속돼 식량마저 부족한 상태였다.

　한편 프랑스에는 이 시기에 몽테스키외, 볼테르, 루소와 같은 계몽사상가가 등장하여 비판 정신과 진보 사상을 퍼트렸다. 계몽사상가들

　은 인간이 의지를 가지고 사회를 변화, 발전시킬 수 있다는 믿음을 민중들에게 심어 주었고, 이는 곧 미국 독립 전쟁과 프랑스 혁명의 발판이 되었다. 특히 미국의 독립은 프랑스 민중이 혁명을 일으키는 데 큰 자극이 되었다.

　결국 1789년 7월 17일 프랑스 국왕 루이 16세와 왕비 마리 앙투아네트의 사치와 낭비에 흥분한 민중들이 들고일어나 프랑스 혁명을 일으키게 된다. 이후 혼란스럽던 프랑스는 1795년 10월 국왕을 따르는 왕당파가 반란을 일으켜 당시 정권을 잡고 있던 국민공회가 위기를 맞게 된다. 이때 이 반란을 누른 사람이 바로 포병 장교였던 나폴레옹이었다. 나폴레옹은 그 뒤 이탈리아 전쟁에서 능력을 드러내 순식간에 프랑스의 유명 인사가 되었다.

　나폴레옹은 1804년에 마침내 국민 투표로 황제에 즉위하였다. 황제로 있는 동안 나폴레옹은 오스트리아, 프로이센, 로마, 스페인, 네덜란드를 정복하였으나, 러시아 정복에는 실패하였다. 1814년 영국, 러시아, 프러시아, 오스트리아 연합군이 파리를 점령하자 황제 자리에서 쫓겨나 엘바 섬에 유배되었다. 이듬해 나폴레옹은 엘바 섬에서 탈출하여 다시 황제 자리에 올랐으나, 영국의 웰링턴이 지휘하는 군대와 워털루에서 싸워 패배하였다. 결국 1815년, 나폴레옹은 세인트헬레나 섬에 유배되었다가 1821년 5월 5일 세상을 떴다.

키 작은 황제가 즐겨 읽은 책

플루타르크 영웅전

그리스의 역사가이자 철학자인 플루타르크(46-120년)가 지은 책이다. 원래의 책 이름은 대비되는 인물들의 삶을 그렸다는 뜻의 《대비열전》이다. 예를 들어 로물루스와 테세우스, 알렉산드로스와 카이사르, 데모스테네스와 키케로, 브루투스와 디온을 대비하여 그리고 있다. 그리스와 로마의 영웅들 중 서로 비슷한 점이 있는 인물들을 대비해 가면서 쓴 책이다. 영웅들의 훌륭한 모습뿐만 아니라 나쁜 짓을 한 사람들의 모습을 통해서 인간이 갖추어야 할 윤리와 도덕이 무엇인지를 잘 드러내고 있다. 그리스와 로마의 유사한 영웅 23쌍의 대비열전과 4편의 단독전기가 실려 있다. 나폴레옹은 이 책을 읽으면서 영웅들의 삶을 배우고 닮으려고 노력했다.

인간 불평등 기원론

루소가 쓴 것으로 1755년 네덜란드에서 출판되었다. 루소는 이 책에서 인간은 본래 자연 상태에서는 자유롭고 평등하게, 행복하고 만족스럽게 살아갔으나 자신들이 만든 사회 제도와 문화 때문에 부자유스럽게 되었다고 말한다. 또 자기 재산을 가지게 되고, 산업이 발달하면서 차별이 심해졌으며, 국가는 그 빈부의 차이를 합법화시켰다고 주장했다. 즉 자연 상태가 파괴되어 인간이 사회의 노예가 되고, 빈부의 차이가 극심해져서 차별이 만들어지며 인간이 인간을 죽이는 일이 벌어진다는 것이다. 그러므로 루소는 인간이 자연으로 돌아갈 것을 호소했다.

과학 예술론

루소가 1750년 아카데미 현상 공모에 응모하여 1등으로 당선된 작품이다. 그는 귀족 사회의 학문과 예술이 도리어 민중들의 자유를 억누르고 있음을 꼬집고, 인간의 존엄성은 어떤 학문이나 예술보다 높다는 것을 강조했다. 또한 귀족 사회의 사치와 낭비, 부패로 얼룩진 근대 문명을 살리기 위해서는 민중들에게 근대의 학문을 나눠 주어야 한다고 주장했다. 그는 가난하고 무식한 민중들이 썩어 빠진 귀족들에 비해 건전하고 순진하다고 하며, 민중들의 마음속에는 소박한 자연과 드높은 양심이 빛나고 있다고 찬미했다. 그는 참다운 학문은 바로 이런 양심의 소리를 듣는 데 있다고 주장했다.

군주론

이 책은 르네상스 시대 이탈리아의 역사학자인 마키아벨리(1469~1527년)가 1513년에 쓴 것으로 그가 죽은 뒤인 1532년에 출판되었다. 이 책은 그의 대표작으로 마키아벨리즘이란 용어를 만들어 낼 정도로 당시 유럽에 큰 영향을 끼쳤다. 마키아벨리는 정치가 종교적 규율이나 전통적인 윤리로부터 자유로워야 한다고 주장하여 근대 현실주의 정치사상을 최초로 주장하였다. 그는 당시 내부 분열과 외국의 간섭으로 혼란에 빠진 이탈리아를 구하기 위해서는 강력한 군주가 나타나야 한다는 생각에서 이 책을 썼다. 군주가 나라를 다스리는 자세를 구체적으로 다루고 있는 이 책은 근대 정치사상의 기원이 되었다.

사회 계약론

루소는 1762년에 이 책을 써서 프랑스 혁명의 토대를 마련하였다. 그는 인간이 원래 착한 존재였으나, 사회를 이루면서 악하게 되었다고 주장했다. 자연 상태에서 인간은 자유롭고 평등했다. 그러나 사회 계약을 통해 사회와 국가가 만들어지고 사유 재산을 인정함으로써 부자와 가난한 사람의 차별이 생겼고, 직업적인 관리 제도가 만들어지면서 권력자와 권력 없는 사람의 차별이 생겼고, 권력이 생기면서 주인과 노예의 차별이 생겼다는 것이다. 결국 그는 인간의 불행은 인간이 만든 제도에 있으며, 그것은 인간의 의지로 극복할 수 있다고 주장했다.

1865년 4월 14일, 유난히 하늘이 높고 푸른 날이다. 백악관 뜰에 간간이 불어오는 바람도 상쾌하구나. 오늘은 미국에서 가장 모범적인 소년 소녀 가장들을 만나는 날이다. 팡파르가 울려 퍼지는 가운데 비서 실장의 목소리가 우렁차다.

"어린이 여러분! 미합중국의 대통령님이십니다."

그동안 미국은 남북 전쟁을 치르느라 온 나라가 거칠어지고 쇠약해졌다. 전쟁에서 이긴 북부 사람이든 진 남부 사람이든 상처받고 지친 건 마찬가지다. 많은 사람이 죽거나 다쳤고, 수많은 집과 가축을 잃었으니 말이다. 사람이 사람을 죽이고 미워하는 가운데 사랑과 희망이라는 단어는 찾아보기 힘들게 되었다.

어른들뿐만 아니라 난리 통에 부모를 여의고 고아가 된 어린이들의 심정도 말할 수 없이 고통스러울 것이다. 특히 동생들을 돌보며 가정을 책임져야 하는 어린 가장들의 마음은 천근만근 무거우리라.

엊그제 4년간의 남북 전쟁이 비로소 끝났다. 오늘 이 자리는 하나가 된 미국을 축하하는 동시에 앞으로 이 나라를 이끌어 갈 어린 새싹들에게 용기를 주기 위해 마련되었다.

"어린이 여러분, 안녕하세요?"

"대통령 할아버지, 안녕하세요?"

얼마 만에 들어 보는 어린이들의 씩씩하고 명랑한 목소리인가. 어린이들의 맑은 미소가 그간 쌓인 찌든 때를 말끔히 씻어 내 주는 듯하다. 사실 할아버지라고 불릴 만큼 늙지는 않았는데, 내가 수염을 길러서 할아버지처럼 보이는가 보다. 아무튼 어린이들이 나를 친근

하게 느낀다면 호칭이야 아무래도 좋다.

"난 여러분 같은 소년 소녀 가장들이 얼마나 힘들게 생활하는지를 잘 알고 있습니다. 저 역시 어린 시절을 아주 어렵게 보냈거든요. 오늘 저는 여러분에게 힘과 용기를 주고 싶습니다."

그러자 긴 머리를 양쪽으로 땋아 어깨에 늘어뜨린 여자아이가 퉁명스럽게 묻는다.

"그래도 대통령 할아버지는 부모님은 계셨을 거 아녜요?"

"나도 9살 때 어머니가 돌아가셨어요. 독풀을 먹은 소에서 짠 우유를 마시고는 병이 나셔서 그만……."

"어머나!"

"어쩜!"

여기저기서 어린이들의 놀라는 소리가 들린다. 내가 자기들과 같은 처지였다는 게 믿어지지 않나 보다. 다시 그 여자아이가 묻는다.

"그래도 아버지는 계셨을 거 아녜요? 저희는 두 분 다 안 계시는데요."

여자아이의 당돌한 말에 분위기가 더욱 굳어진다. 내가 자기들의 처지도 모르면서 힘과 용기를 준다는 말로 알아들었나 보다. 그러니 마음이 상할 만도 하다. 대통령이라는 높은 자리에 앉아 편히 살면서 자기들의 고통과 슬픔을 이해하겠다고 했으니 말이다.

"그건 저 어린이의 말이 맞아요. 난 아버지가 있었어요. 그리고 누나도 있었고요."

그러자 아이들의 불만스런 목소리가 봇물 터진 듯이 쏟아진다.

"거봐."

"그럼 그렇지 뭐."

"치! 우리에 비하면 어릴 때 힘들이 봐야 얼마나 힘들었겠어?"

"흥! 우리처럼 어렵게 살면서 어떻게 대통령이 될 수 있었겠어?"

어린이들의 아픔이 얼마나 큰지 알 만하다. 그러나 내 어린 시절도 이들 못지않았다.

"난 시골의 허름한 통나무집에서 태어나 추위와 배고픔 속에서 자랐어요. 아버지와 어머니가 모두 글을 모르는 분들이어서 산골에서 사냥을 해서 그날그날을 먹고 살았거든요."

"정말요?"

머리가 꼽슬꼽슬한 흑인 남자아이가 믿을 수 없다는 듯이 눈을 동그랗게 뜨고 묻는다.

"추운 겨울날에도 바람이 스며드는 통나무집에서 사슴 고기와 곰 고기만 먹고 살았죠. 그리고 사시사철 짧은 사슴 가죽 바지를 입고 너구리 가죽 털모자를 쓰고 다녔어요."

"봄 여름 가을 겨울 모두 똑같이요?"

"네. 우리 집은 워낙 가난했으니까요."

안경을 쓴 여자아이가 불쌍하다는 표정을 지으며 조그만 목소리로 묻는다.

"그럼 학교는 어떻게 다니셨어요?"

"난 학교를 거의 못 다녔어요. 15살이 돼서야 겨우 떠듬떠듬 읽을 줄 알았지 쓰는 법은 배우지도 못했거든요."

"네에? 15살 때까지 쓰지도 못했다고요?"

여기저기서 양 어깨를 치켜올리며 말도 안 된다는 반응을 보인다.

"난 15살 되던 해에 이웃 마을에 학교가 생겼다는 말을 듣고 처음으로 학교에 가게 됐어요. 누나와 4마일(약 6.4킬로미터)을 걸어서 학교에 다녔는데, 수업 시간에 큰 소리로 책을 읽은 것이 지금도 기억에 생생해요. 잘 못 읽으면 엄한 선생님에게 회초리로 사정없이 맞곤 했지요."

"많이 아프셨어요?"

"그럼요. 그러나 그때가 좋았어요. 난 학교라곤 통틀어 1년도 못 다녔으니까요."

그러자 뒤쪽에 앉아 있던 남자아이가 손을 번쩍 들며 일어선다. 순간적으로 너무 놀라 현기증이 다 난다. 깡마르고 키만 삐쭉하게 큰 게 어린 시절의 나를 어쩜 그렇게 쏙 빼닮았는지. 그 고생 고생하며 살던 어린 시절의 내가 나타난 듯하다.

"제가 듣기로는 대통령 할아버지는 이전에 변호사도 하셨고, 연방 하원의원도 하셨다는데, 맞나요?"

"그랬죠."

"그럼 학교도 안 다니고 어떻게 그런 일을 할 수 있었나요?"

"난 혼자서 책을 읽으며 공부했어요. 학교에 잠깐 다니며 읽고 쓰는 건 다 배웠으니까요."

눈을 깜빡이며 내 입만 보던 여자아이가 슬며시 일어선다. 단정하게 빗은 머리와 분홍색 뜨개옷이 잘 어울려 깜찍하다. 내가 어릴 때는 저런 여자아이는 보지도 못하고 컸는데 말이다.

"가난하셨다면서 책은 어디서 났나요? 더욱이 부모님은 글도 모르셨다면서요."

"어머니가 돌아가신 이듬해에 아버지는 새어머니를 맞이하셨어요. 그분은 똑똑하셨을 뿐만 아니라, 저희들을 사랑해 주셨지요. 그 분이 가져오신 책을 몇 권 읽었답니다."

"어떤 책이었는데요?"

"《성서》였어요. 난 그 책으로 읽기 공부를 했어요. 시간이 나는 대로 읽고 또 읽었지요. 아버지는 내가 일은 안 하고 책만 본다고 싫어하셨지만, 새어머니는 날 많이 챙겨 주셨거든요."

날 닮은 남자아이가 다시 나선다. 질문이 날카롭다. 어린 시절의 내가 그랬듯이.

"《성서》를 읽고 어떤 생각을 하셨나요?"

"사랑과 평등을 생각했어요. 하느님 앞에서 모든 사람은 평등하며, 사랑만이 사람이 사람답게 사는 세상을 만들 수 있다는 생각을 하게 되었지요. 지금까지 살면서 모든 어려움을 이겨 낼 수 있었던 건 바로 그 책 때문이랍니다."

"또 다른 책은 없었나요?"

"자기 죄를 뉘우치고 하느님 나라를 향해 여행하는 이야기인 《천로역정》이 있었죠. 또한 동물들이 등장해 교훈을 주는 《이솝 우화》와 사람이 살지 않는 섬에 홀로 살게 된 《로빈슨 크루소》 이야기도 있었고요."

자기들이 아는 책 이름이 나와서인지 여기저기서 재잘댄다.

"나도 《이솝 우화》를 읽어 봤는데. 아유, 고 깜찍한 여우의 꾀는 누구도 못 당할 거야. 그치?"

"맞아. 그런데 난 여우보다도 그 잔꾀에 넘어가는 강아지나 새들이 더 멍청하게 보여. 어쩜 그렇게 감쪽같이 속아 넘어갈까?"

"난 어제 처음 《로빈슨 크루소》를 읽기 시작했는데, 배가 부서져 무인도에 혼자 떨어진 주인공이 너무 불쌍해서 잠도 잘 못 잤어."

"그랬구나. 그런데 그 다음부터는 로빈슨이 무인도에서도 씩씩하게 사니까 너무 걱정하지 마. 오히려 너도 로빈슨 크루소처럼 살고 싶을걸?"

이제야 좀 굳었던 분위기가 풀리는 듯하다. 대통령을 만나러 백악관이란 곳에 처음 왔으니 긴장도 했을 것이다. 이쯤 되면 나도 스스럼없이 말해도 될 듯하다.

"난 그런 책들을 읽으면서 눈을 뜨게 됐어요. 그때까진 나무나 베고, 산짐승이나 잡으며 사는 게 다인 줄 알았거든요. 사람으로 태어나 해야 할 일이 뭔지를 깨달은 거죠."

말없이 새침하게 앉아 있던 흑인 여자아이도 비로소 입을 연다.

"그럼 그런 책들을 얼마나 읽으셨어요?"

"계속 반복해 읽었어요. 다른 책이 없었으니까요. 읽고 쓰고 외우는 게 일이었어요."

"펜과 공책은 있었나요?"

"웬걸요. 검정 숯으로 널빤지에 글을 썼어요. 통나무집 벽에도 쓰고요. 너무 까맣게 되면 칼로 나무를 살짝 벗겨 내고 다시 쓰곤 했지요."

"아유! 우리들보다 더 형편이 어려우셨네요. 저희들은 그래도 펜과 공책은 있으니까요."

대통령인 내가 자기들보다 못살았다는 말에 귀가 솔깃하는 모양이다. 별 관심 없다는 듯이 심드렁하게 앉아 있던 통통한 남자아이도 자세를 고쳐 앉으며 묻는다.

"그럼 그 책들만 계속 보신 거예요?"

"처음에는 아버지 눈치를 보면서 그 책들만 봤죠. 그러나 나중에는 다른 사람에게서 책을 빌려다 봤어요."

"책을 빌려 달라면 잘 빌려 주나요? 전 제 걸 남한테 빌려 주고 싶지 않은데요."

"세상에 공짜는 없죠. 한 번은 내가 이웃집에서 《조지 워싱턴의 일생》이란 책을 빌렸어요. 물론 그 집의 옥수수를 따 주고 나무뿌리도 뽑아 주기로 하고요. 난 그 책을 읽고부터 워싱턴 대통령을 제 선생님으로 삼고, 그분처럼 살기로 결심했어요. 실제로 워싱턴의 글씨체를 흉내 내며 연습해서 오늘날 내 글씨체가 아주 좋답니다. 허허허. 아무튼 그 책을 읽다가 통나무 사이에 끼워 놓고 잠이 들었다가 큰일 났던 적이 있어요."

궁금증에 남자아이의 몸이 내 앞으로 잔뜩 기울어진다.

"무슨 일이 있었는데요?"

"아, 글쎄 그날 밤에 비가 와서 그 책이 전부 젖고 말았답니다."

조지 워싱턴(1732~1799년) 미국 건국의 아버지라 불린다. 영국과 아메리카 사이에 분쟁이 일어나자 그는 영국의 정책에 크게 반발하였다. 1769년 의회가 해산당하자 버지니아 의회 의원으로서 영국 상품을 사지 말자는 동맹을 만들었다. 1774년 제1회 대륙 회의에, 1775년 제2회 대륙 회의에 버지니아의 대표로 참석했다. 이 회의에서 영국과 싸우자는 결정이 내려졌으며, 그는 독립혁명군 총사령관에 임명되었다. 1781년 10월 프랑스 군의 원조를 받아 요크타운 전투에서 결정적인 승리를 거두고 독립 전쟁을 성공으로 이끌었다. 1789년 4월 30일 미국 초대 대통령이 됐다. 2대 대통령을 지낸 후, 1796년 3대 대통령으로 추대되었으나 민주주의 전통을 세워야 한다며 물러났다.

"어머나! 그래서 어떻게 했나요?"

"책값 대신 3일 동안 그 집에 가서 소에게 먹일 풀을 베어 주었죠 뭐. 허허허."

다시 소란해진다.

"그 책 주인이 너무 심했는걸."

"나 같으면 그냥 용서해 줄 텐데."

"난 도망갔을 거야."

저마다 한 마디씩 거든다.

"난 25살이 되어서야 내가 하고 싶은 일을 찾았어요. 그때 내 말을 들은 그레이엄 씨는 정치가나 변호사가 되기 위해선 정확한 문법을 공부해야 한다고 했지요. 그래서 그날로 6마일(약 9.6킬로미터)이나 떨어진 존 반스라는 농부의 집으로 달려가 《커크햄 문법책》을 빌려다 봤어요."

흰 얼굴에 주근깨가 많은 여자아이도 궁금증을 못 참고 마침내 입을 연다.

"그럼 빌린 책들은 한 번 보고 바로 돌려주셨겠네요?"

"아니죠. 일단 책을 빌려 오면 한 번 읽은 다음에 베끼고 돌려주었어요. 그러곤 그걸 실로 묶어 가지고 다시 읽으며 공부했답니다."

"우아! 그걸 어떻게 다 베끼셨어요? 전 받아쓰기를 한 쪽만 해도 막 팔이 아프거든요."

"베껴 쓰는 게 진짜 공부가 돼요. 내용을 꼼꼼히 읽고 생각할 수 있기 때문이죠."

빌려 본 책을 베끼고 돌려준다는 게 믿기지 않는 모양이다. 그도 그럴 만하다. 요즘처럼 책이 많아진 세상에 누가 책을 베껴서 본단 말인가.

이때 반짝이는 구두를 신고 맨 앞줄에 앉은 남자아이가 일어선다. 아마 날 만나러 여기 온다고 누군가 새로 사 준 듯하다. 난 저 나이 때 저런 구두를 한 번만이라도 신어 보는 게 꿈이었다.

"대통령 할아버지는 책을 많이 읽은 것 같지는 않네요. 그런데 어떻게 대통령이 되신 거예요?"

뭔가 이상하다는 듯이 머리를 갸우뚱하며 수줍게 묻는 모습이 보기 좋다. 소년 가장이라는 무거운 짐을 지고 살았을 텐데도 저런 순수함이 남아 있다니. 큰 인물이 될 성싶다.

"맞아요. 나는 많은 책을 읽지는 못했어요. 물론 《스콧의 가르침》이란 책에서 연설하는 법을 배우고, 셰익스피어의 《햄릿》과 《맥베스》에서 사람의 도리를 배웠어요. 또한 나와 친하게 지냈던 스토우 부인이 쓴 《톰 아저씨의 오두막》을 읽고 흑인 노예에 대해 깊이 생각했고요. 그리고 에드워드 기번이 쓴 《로마 제국 쇠망사》와 롤린스가 쓴 《고대사》를 읽으면서 역사를 배웠답니다."

"그래도 몇 권밖에 안되는 것 같은데요……."

셰익스피어(1564~1616년) 영국이 낳은 세계 최고의 극작가이다. 희극, 비극, 사극, 낭만극을 포함하여 희곡 37편과 장편시 2편 그리고 소네트 154편을 썼다. 그의 작품으로는 《로미오와 줄리엣》이 잘 알려져 있다. 특히 4대 비극인 《햄릿》, 《맥베스》, 《오셀로》, 《리어왕》과 4대 희극인 《말괄량이 길들이기》, 《뜻대로 하세요》, 《베니스의 상인》, 《한여름 밤의 꿈》이 유명하다. 그는 영국 르네상스의 절정기인 엘리자베스 여왕 1세 때 활동했다. 이 시기는 인간의 무한한 창조력이 요구되던 때였으므로 셰익스피어는 시대의 요구에 따라 그의 타고난 재능을 유감없이 드러낼 수 있었다.

"음! 난 얼마나 많은 양의 책을 읽느냐 하는 건 중요하지 않다고 생각해요."

"그럼요?"

"어떤 책을 읽느냐 하는 것이지요. 인생에 도움이 될 만한 책을 꼼꼼하게 잘 읽는 것이 중요하다고 생각해요. 난 책의 뜻을 완전히 이해할 때까지 꼼짝하지 않고 읽었어요. 그러니 하루에 이삼십 쪽만 읽어도 날이 저물곤 했죠."

이때 옆에 앉은 입술이 도톰한 흑인 남자아이도 고개를 갸우뚱한다. 뭔가 이상하다는 듯이 말이다.

"하루 종일 이삼십 쪽밖에 못 보셨다고요? 그럼 저보다도 읽는 속도가 느린데……."

"난 낮에는 일하는 중간에 나무 그늘에서 책을 읽었고, 밤에는 술집 쓰레기 더미 옆에 켜 놓은 촛불 옆에서 읽었어요. 큰 소리로 책을 읽고, 책을 덮고 난 다음에는 읽은 내용에 대한 느낌을 쓰고, 내가 쓴 글을 누구나 이해할 수 있도록 쉽게 고치는 일을 계속했지요."

그러자 백악관 뜰이 다시 소란해진다.

"어쩐지!"

"그럼 그렇지."

"그렇게 읽으니까 하루에 이삼십 쪽밖에 못 읽으셨지."

"휴! 난 하루에 한 권씩도 읽었는데, 대통령 할아버지처럼 하려면 한 달에 한 권 읽기도 어렵겠다."

이제 내 아픈 기억들을 이야기해야겠다. 이들에게 힘과 용기를 주기 위해 마련한 자리 아닌가. 다시 떠올리기도 싫은 이야기지만 말이다.

"난 어린 시절에 어머니와 두 동생이 세상을 떠나는 아픔을 겪었어요. 지독한 가난 속에서 제대로 먹지도 입지도 못하고 자랐지요. 또한 커서는 사랑하던 여인이 병으로 죽고 말았어요. 그리고 변호사가 되어서도 사무실을 운영하기가 어려웠고, 정치인이 되기 위해 선거에 나갈 때도 매번 떨어졌지요. 선거에서 자그마치 8번이나 떨어졌거든요."

그러자 감기 기운이 있는지 연신 코를 훌쩍이던 남자아이가 슬픈 표정을 하며 묻는다.

"너무 슬프셨겠어요. 그런데도 실망하지 않으셨어요? 훌쩍."

"슬펐죠. 그러나 난 실망하지 않았어요. 내 곁에는 언제나 《성서》와 같은 좋은 책들이 있었으니까요. 어렵고 힘들 때 이런 책들을 읽으면 가슴속에서 불끈 힘이 솟아나거든요."

"정말요? 훌쩍."

"아무렴요. 그러나 그동안 나를 지켜 준 건 책이었어요. 나를 변호사로, 의원으로, 대통령으로 만들어 준 것도 순전히 책이었답니다. 난 정말로 학교도 못 다닌 촌뜨기 중의 촌뜨기였거든요."

이때 순간적으로 뭔가 떠올랐다는 듯이 한 남자아이가 용수철 튀어오르듯이 일어난다. 그러고는 큰 소리로 외친다.

"대통령 할아버지! 그럼 대통령에 당선되셨을 때 온 나라 사람들이

불렀다는 그 노래가 진짜네요!"
"험,.험. 무슨 노래를 말하는지 모르겠네요."
내가 짐짓 모르는 듯이 시치미 떼자 여기저기서 음을 잡는 소리가 들린다.
"에이, 그 노래 있잖아요. 뭐라더라? 늙은 에이브 어쩌고 하던데."
"아냐! 나이 먹은 에이브야. 깔깔깔."
"헤헤. 그런가?"
잠시 후 어린이들이 합창하기 시작한다.

♪ 나이 먹은 에이브 링컨은 촌구석에서 왔다네
촌구석에서 촌구석에서 왔다네
촌구석에서 일리노이 주로 왔다네 ♫

그저 웃음밖에 안 난다. 이 노래를 어린이들까지 알고 있다니.

아무튼 나 같은 사람이 이 자리에 있는 건 모두 나를 지켜 주신 하느님 덕분이다. 그러나 그 하느님을 알게 해 주고, 그 하느님을 만나게 해 주고, 그 하느님을 믿고 따르게 해 준 건 오직《성서》가 아니던가.

책이 없었다면 내 인생은 어찌 됐을까. 아직도 난 시골에서 여름이면 나무를 베고 곡식을 심고 있을 것이며, 겨울이면 눈을 헤치고 다니며 사냥을 할 것이다. 사슴 가죽으로 만든 옷을 입고, 너구리 가죽으로 만든 털모자를 쓰고, 소가죽으로 만든 신발을 신고 말이다. 지금쯤은 열심히 일해서 내가 농사지을 땅도 사고, 집도 크고 멋지게 지었을지도 모르지. 아마 그 동네에서는 제법 잘사는 집이라고 소문이 났을지도 모른다.

그러나 나는 지금 대통령이 되어 남북으로 갈라지려던 미국을 하나로 만들었다. 또한 사람 취급을 받지 못하던 흑인들을 노예 신분에서 해방시켰다. 난 오늘 죽어도 한이 없다. 안 그런가? 에이브러햄 링컨!

"소년 소녀 가장 여러분, 힘을 내세요. 학교도 못 다닌 촌뜨기가 큰

일을 할 수 있었던 건 모두 책 때문입니다. 매일 읽고 생각하고 외우고 쓰는 일을 하세요. 여러분에게 큰 힘과 용기가 될 거예요. 여러분에게 이 나라의 장래를 맡깁니다. 하느님께서 여러분 모두를 축복하시길 빌어요. 굿바이!"

은은한 음악이 흐르는 가운데 비서 실장이 나서며 행사의 끝을 알린다.

"어린이 여러분! 미합중국의 대통령님이 퇴장하십니다."

환한 표정의 어린이들이 손을 흔들며 우렁차게 답한다.

"대통령 할아버지, 감사합니다!"

상큼한 날이다. 어린이들 마음만큼이나 맑고 깨끗한 날이다. 오늘은 오랜만에 홀가분한 마음으로 연극이나 한 편 봐야겠다.

구름조차 없는 파란 하늘에 펄럭이는 성조기의 하얀 별과 빨간 줄무늬가 선명하다. 마치 갈라진 북부와 남부가 하나가 되고, 등진 백인과 흑인이 하나가 된 미국임을 뽐내듯이.

링컨
책 속에서 길을 찾다

　링컨은 1809년 2월 12일에 미국 켄터키 주 엘리자베스타운 근처의 산골 마을 통나무집에서 가난한 농부의 아들로 태어났다. 이후 링컨 가족은 인디애나 주 숲 지대로 이사하여 더욱 문명과 동떨어진 생활을 하게 되었다. 어둡고 좁고 추운 오두막집에서 짐승처럼 살았던 것이다. 어머니 낸시 행크스는 9살 난 링컨에게 하느님과 이웃을 사랑하는 사람이 되라는 유언을 남기고 세상을 떠났다. 링컨은 그 이듬해 새어머니인 사라 존스턴을 맞게 되었다. 그녀 역시 마음이 고와서 책 읽기를 좋아하는 링컨을 위해 먼 곳에 가서까지 책을 빌려다 주곤 했다.
　링컨은 1824년에 처음 학교에 갔으나 집이 가난해서 얼마 다니지 못했다. 1830년에 일리노이 주로 이사하여 뉴세일럼의 우체국장을 지냈고 측량기사로 지냈다. 그러던 중 1834년 일리노이 주 의회 하원의원에 당선되어 정치계에 발을 들여놓게 되었다. 이후 변호사 시험에 합격하였으나 사건을 맡지 못해 돈벌이는 신통치 않았다. 1847년에 연방 하원의원에 당선되었고, 마침내 1860년에 미국의 16대 대통령에 당선되었다. 그리고 1864년에 17대 대통령에 다시 당선되었다.
　링컨은 1861년에 대통령에 취임하였다. 그러나 남부의 7개 주는 분리하여 독립할 것을 선언하고, 남부 연합국을 만들어 제퍼슨 데이비스를 대통령으로 뽑았다. 북부는 주로 공업 지대이고, 남부는 주로 농업 지대였기 때문에 북부 출신의 링컨이 대통령이 되면 자기들에게 불리할 것이라며 반발했던 것이다. 결국 남부 연합국의 군대는 1861년 4월

에 섬터 요새를 공격함으로써 남북 전쟁이 시작됐다.

전쟁은 처음에는 북군에게 불리했다. 그러나 링컨은 남군이 조금 몰린 때를 노려 노예제 폐지를 예고하고 외국이 남부 연합국을 승인하지 못하게 했다. 1862년 7월 22일에 노예 해방 선언의 초안을 낭독하고, 9월 22일에 수정안을 예비 선언으로 발표하였으며, 1863년 1월 1일에 노예 해방 선언문을 온 세계에 발표하였던 것이다. "나는 노예로 있는 모든 사람이 이제부터 자유의 몸이 될 것임을 선포한다."라고 외쳤다. 이로써 링컨은 미국 북부와 해외 여론을 자기편으로 이끌어 전쟁을 유리하게 만들었다. 특히 게티즈버그에서 한 연설 가운데 '국민의, 국민에 의한, 국민을 위한 정부'라는 말은 민주주의의 참모습을 주장한 것으로 유명하다.

전쟁 중인 1864년의 대통령 선거에서는 링컨이 당선되기 어려웠으나, 그랜트 총사령관이 전쟁에서 계속 승리하여 다시 대통령이 되는 데 성공하였다. 1865년 4월 9일 남군 사령관인 리 장군이 그랜트 장군에게 항복함으로써 남북 전쟁은 끝났다. 링컨은 남부가 미국 연방으로 하루빨리 돌아오길 바랐다. 그러나 그는 남군이 항복 문서에 도장을 찍은 이틀 후인 4월 14일, 워싱턴의 포드 극장에서 연극을 보던 중 남부 출신의 배우인 부스가 쏜 총에 맞았다. 결국 링컨은 다음 날 아침 세상을 떴다.

촌뜨기 대통령이 즐겨 읽은 책

성서

그리스도교의 경전이다. 성서는 구약 성서와 신약 성서로 이루어진다. '구'라는 말은 그리스도 이전을 가리키고, '신'이라는 말은 그리스도 이후를 가리킨다. 또한 '약'이라는 말은 신과 인간의 약속을 뜻한다. 그러므로 구약은 예수 탄생 전의 옛날 약속이며, 신약은 예수 탄생 후의 새로운 약속을 말한다. 구약은 모세를 중심으로 한 신의 약속이며, 신약은 예수의 복음을 통하여 한 신의 약속이다. 즉 구약 성서는 하느님이 이스라엘 백성과 맺은 약속이고, 신약 성서는 하느님이 교회와 맺은 약속인 것이다. 결국 성서는 하느님의 말씀이자 하느님의 계시인 것이다. 링컨은 자기 백성을 구원하겠다는 하느님의 말씀을 읽고 믿음으로써 어렵고 힘든 시기를 잘 넘길 수 있었던 것이다.

이솝 우화

고대 그리스 사람인 이솝이 지었다는 우화다. 동물을 의인화하여 동물들의 독특한 성격을 통해 인간 세계를 풍자하고 사람들에게 깨우침을 주기 위한 교훈적인 이야기이다. 간결하고 명쾌한 문장으로 사람이 어떻게 살아야 하는지, 또 어려움에서 어떻게 빠져나오는지 등의 도덕과 처세, 재치를 잘 그리고 있다. 오늘날 읽혀지고 있는 이야기는 14세기 콘스탄티노플(이스탄불)의 수사인 플라누데스가 편집한 것이다. 어디까지가 이솝의 원작인지는 전혀 알 수 없으며 나중에 추가된 이야기가 많다고 한다.

천로역정

영국의 존 버니언이 쓴 종교적 우화 소설로, 작가가 꿈 이야기를 하는 형식으로 되어 있다. 제1부는 1678년에 출판되었고, 제2부는 1684년에 출판되었다. 제1부는 주인공인 크리스천이 온갖 어려움을 뚫고 성시를 읽으며 자기의 죄를 뉘우치고 하느님의 나라를 향해 여행한다는 이야기이다. 제2부는 크리스천의 아내와 자식이 그의 뒤를 쫓아 여행한다는 이야기이다. 사람이 어디서 와서 어디로 가며, 어떤 일은 하지 않고 어떤 일은 하는지를 보여 주고 있다. 또한 그 과정을 거쳐 마침내 천국의 문에 도달하는 과정을 잘 그려 내고 있다.

톰 아저씨의 오두막

스토우 부인이 흑인 노예들의 비참한 모습을 보고 충격을 받아 노예 제도가 나쁘다는 것을 알리기 위해 1852년에 쓴 작품이다. 소설 속 주인공 톰의 실제 모델인 조자이어 헨슨이 쓴 일기를 토대로 쓴 것이다. 이 소설은 수많은 미국인들을 감동시키며 노예 제도를 폐지시켜야 한다는 분위기를 만들었다. 출판되자마자 첫해에만 30만 부 이상이 팔리며 짐승 취급받고 학대받는 노예들도 인간이며 존엄성이 있다는 것을 알렸다. 링컨 대통령은 스토우 부인을 만나자 "당신이 큰 전쟁(남북 전쟁)을 일으킨 작은 여인이군요."라고 말했다고 한다.

로빈슨 크루소

영국의 다니엘 디포가 1719년에 쓴 장편 소설이다. 원래 제목은 《요크의 선원 로빈슨 크루소의 생애와 이상하고 놀라운 모험》이다. 요크에서 태어난 주인공 크루소가 아버지의 반대에도 불구하고 모험을 찾아 항해에 나섰다가 배가 부서져 홀로 무인도에 닿게 된다는 이야기이다. 오두막을 짓고 홀로 살면서 먹을거리를 구하는 과정과 섬에서의 생활, 그리고 마침내 섬에 도착한 반란선에서 선장을 구출하여 28년 만에 섬을 탈출하는 과정 등 무인도에서의 생활을 흥미진진하게 그렸다.

어린이 기자와 학교 안 다닌 에디슨

끊임없이 의심하고 생각하며 책을 읽다

1887년 겨울, 뉴저지 주 웨스트오렌지 연구소 창밖에 함박눈이 소리 없이 내리고 있다. 어떤 사람들은 이 연구소가 세계 최대의 연구 개발기관이라며 놀라기도 하고, 또한 부러워하기도 한다. 내 나이 이제 40살. 이 연구소가 있기까지 나는 앞만 보고 달려왔다.

　오늘은 웨스트오렌지의 어린이 신문사에서 인터뷰하러 오는 날이다. 이 연구소를 세운 나의 일생에 대해 취재한단다. 대단하지도 않은 나를 인터뷰하겠다니 좀 쑥스럽다. 마침 창밖으로 신문사 마차가 멈추는 것이 보인다.

　"소장님! 어린이 신문사에서 기자 분이 찾아오셨습니다."

　"아, 들어오시라고 하세요."

　순간 눈을 의심하게 된다. 말끔한 양복 차림의 신사 아니면 우아한 코트를 입은 숙녀일 줄 알았는데, 그게 아니었다. 소녀 하나가 앙증맞은 붉은색 가방을 메고 씩씩하게 들어오는 것이 아닌가. 다소 크고 호리호리한 소녀는 안경을 쓰고 있으며, 긴 금발 머리를 단정하게 묶어 늘어트리고 있다. 긴가민가한 마음으로 확인한다.

　"시, 신문사 기자세요?"

　그러자 소녀 역시 놀란 듯이 묻는다.

　"여, 연구소 소장님이세요?"

웨스트오렌지 미국 뉴저지 주 북동부에 있는 에식스 군의 도시로, 뉴어크 북서쪽에 있다. 원래 도시 이름은 오렌지였는데, 1863년에 떨어져 나와 웨스트오렌지로 불리게 됐다. 에디슨이 44년 동안 영화 촬영기와 영사기, 축음기 등 여러 가지 발명을 한 에디슨 연구소가 있다. 이 연구소는 오늘날 국립박물관이 됐고, 에디슨이 연구소를 세울 때부터 세상을 뜰 때까지 살았던 23개의 방을 갖춘 글렌먼트 저택은 루얼런 공원 안에 있다.

"네, 제가 이 연구소 소장이랍니다. 그런데 왜 그리 놀라시죠?"

"아, 아니요. 전 많은 발명을 하신 유명한 분이라서 연세가 많으신 할아버지인 줄 알았거든요. 호호."

"나와 같은 생각을 했네요. 나도 기자님이 오신다고 해서 나이 많은 아저씨나 아줌마가 올 줄 알았거든요. 하하하."

소녀도 까르르 하며 웃는다. 예상을 빗나간 만남을 통해 오히려 분위기가 부드러워졌다. 흔히 '다 그렇겠지 뭐.', '아마 그럴 거야.' 하며 미리 짐작하고 자기 마음대로 판단하는 게 보통 사람들의 습관이다. 나 역시 오늘 보통 사람들이 흔히 하는 실수를 저질렀다. 이렇게 평범하게 생각하면 어떤 발명도 할 수 없다는 사실을 알면서 말이다.

"소장님, 저는 웨스트오렌지 어린이 신문사의 명예 기자인 소피아예요. 초등학교 5학년이랍니다. 저희 신문사에서는 이번 겨울 방학 특집으로 소장님의 어린 시절을 다루기로 했어요."

"어린 시절이라고요? 나의 발명에 대한 것이 아니고요?"

예상치 않은 주제에 좀 당황스럽다. 더욱이 나의 어린 시절은 별로 내세울 것도 없지 않은가. 잠시 머뭇거리는 사이에 소녀가 수첩을 꺼내 놓고 당돌하게 묻는다.

"소장님께서는 축음기를 비롯한 여러 가지 기계들을 발명하셨다고 들었어요. 특히 1879년에는 백열전등을 발명하셔서 온 세상 사람들에게 빛을 선물하셨고요."

"네……."

"이처럼 많은 발명을 하고 특허를 얻게 된 동기는 무엇인지요?"

질문이 예사롭지 않다. 어린이 기자라고 만만하게 보다가는 큰코 다치겠다. 내가 언제부터, 왜 연구를 하게 됐는지를 잠시 되돌아본다. 그러자 또다시 질문이 쏟아진다.

"어려서 학교에 다닐 때부터 발명하는 게 좋았나요? 학교는 어딜 다녔나요?"

나의 드러내고 싶지 않은 과거를 묻고 있다. 그러나 기자와 독자는 진실을 알고자 할 것이다. 나 역시 과학자로서, 발명가로서 그런 생각을 갖고 있지 않은가. 그렇다면 있는 그대로 밝히는 게 좋겠다.

"난 학교를 다니지 않았답니다."

"네에? 아니, 학교를 안 다녔다고요?"

안경 너머로 보이는 소녀의 눈이 휘둥그레진다. 다소 긴장하고 흥분한 탓인지 소녀의 뺨이 발그레하다.

"난 포트휴런 초등학교에 입학한 지 3달 만에 학교를 그만두었어요."

"왜 그러셨나요?"

"선생님께서 가르쳐 주실 때마다 무조건 외우지 않고 그건 왜 그런지를 꼬치꼬치 물어봤거든요. 예를 들면 1 더하기 1이 2라고 하면 왜 2가 되어야 하는지, 3이나 4가 되면 왜 안되는지를 물었거든요."

"초등학교 1학년 때요?"

"네. 그런 일이 계속되자 선생님께서는 날 학교에 적응하지 못하는 바보라고 하면서 막 화를 내셨어요. 그러자 교사였던 우리 어머니는 날 집에서 가르치겠다고 했죠. 그 후로 난 다시는 학교에 다니지 않게 됐어요."

소녀가 다소 황당하다는 표정을 지으며 묻는다.

"학교에서 가르쳐 주는 건 당연한 사실이니 무조건 다 외워야 하는 거 아닌가요?"

"나는 모든 것이 궁금했어요. 해는 왜 동쪽에서 떠서 서쪽으로 지는지, 물은 왜 위에서 아래로 흐르는지에 대해서요. 그리고 불이 어떻게 붙으며, 병아리가 어떻게 태어나는지도요."

"어쩜 그렇게 엉뚱한 생각을 할 수 있죠?"

"의문을 갖는 것이 바로 제 발명과 특허의 시작인 셈이죠."

그 순간 소녀는 무엇엔가 머리를 얻어맞은 듯이 잠시 멍하니 앉아 있다. 연필이 손에서 미끄러져 나가는 줄도 모르고……. 잠시 후 소녀의 안경이 반짝인다.

"아하! 그러니까 소장님은 어릴 적부터 끊임없는 탐구 정신을 지녔던 거군요. 남들이 무심코 지나치는 것도 다시 보고 다시 생각해 보는 정신 말이에요."

"그렇다고 할 수 있겠죠."

고개를 끄덕이던 소녀가 또다시 날카로운 질문을 던진다.

"그럼 어머니가 공부를 잘 가르쳐 주셨나요? 공부하다가 모르는 것이 있으면 어떻게 문제를 해결했나요?"

"이거 소피아 기자에게 못 당하겠는데요. 화살이 과녁의 한가운데를 맞추듯이 똑 부러지는 질문을 하니 말이오. 허허허."

"칭찬해 주셔서 감사합니다."

활짝 웃는 소녀에게서 배어나는 어린이다운 순진함이 보기 좋다. 이제 방 안이 따끈해지는 것 같다.

"난 책을 통해서 모든 궁금증을 풀었어요. 책은 나에게 화를 내지 않고 자세하게 설명해 주었거든요. 난 책에서 인생을 배우고, 지식을 쌓았어요."

"그럼 어릴 적에 어떤 책들을 읽었나요?"

"우리 어머니는 나에게 많은 책을 읽게 하셨어요. 셰익스피어의 희곡, 찰스 디킨스의 소설, 그리고 빅토르 위고의 소설 같은 문학 작품들을 먼저 읽게 하셨어요."

문학 작품이라는 말에 소녀가 관심을 보이며 묻는다.

"그중에 어떤 책이 가장 감명 깊었나요?"

"빅토르 위고의 《레 미제라블》이었어요. 빵 한 조각을 훔쳐서 19년이나 감옥살이를 하고, 그 뒤로 힘들게 살면서도 죽을 때까지 남을 도와주던 장 발장이야말로 내 우상이었죠."

"맞아요. 장 발장을 보면 불쌍하기도 하지만 멋지기도 해요."

"난 어린 시절을 누구보다 어렵게 지냈어요. 그때 그 책을 읽으면서 나도 장 발장처럼 남을 위해, 세상을 위해 큰일을 해야겠다고 결심하게 됐죠."

"아, 네."

"난 문학 작품들을 통해 사람이 어떤 마음으로 살아야 하는지를 배웠어요."

소녀가 고개를 끄덕이며 메모하는 데 열중한다.

"어머니는 그다음에는 시어즈의 《세계사》, 에드워드 기번의 《로마제국 쇠망사》, 데이비드 흄의 《영국사》를 읽게 하셨지요."

수첩에 메모하던 소녀가 잠시 멈칫한다. 그러곤 나를 올려다보며

찰스 디킨스(1812~1870년) 영국이 낳은 가장 뛰어난 소설가로 손꼽힌다. 그는 소박한 평민이나 교양 있는 귀족들, 그리고 가난한 사람이나 왕 모두에게서 폭넓은 인기를 누렸다. 어려서는 집이 가난해 학교에 거의 다니지 못하고 12살 때부터 공장에서 일을 했다. 비참할 정도의 가난과 비인간적인 어린이 혹사를 직접 겪은 그는 영국의 어두운 구석을 고발한 《올리버 트위스트》(1838)를 써서 폭발적인 인기를 얻었다. 이어 구두쇠 스크루지를 다룬 《크리스마스 캐럴》(1843)로 더욱 유명하게 되었다. 그가 인기를 끈 비결은 세상의 모순과 잘못을 날카롭게 꼬집으면서도 유머를 잃지 않았던 데에 있다.

한마디 던진다.

"초등학생이 읽기에는 너무 어려운 책들 아닌가요? 저도 아직 못 읽어 봤는데요."

"어머니께서 먼저 자세히 설명해 주신 다음에 읽었기 때문에 별 어려움은 없었어요. 특히 그때 난 8권으로 된 《로마 제국 쇠망사》에 푹 빠졌답니다."

"휴! 8권이나 되는 책에요? 그 책을 읽고 뭘 배우셨나요?"

"어린 나이였지만, 난 창의력과 상상력이 세상을 지배한다는 걸 배웠어요. 책을 통해 끊임없이 머리를 쓰지 않으면 결국 머리가 녹슬어 쓸모없는 사람이 된다는 걸 뼈저리게 느꼈죠."

내 말이 좀 어려운 모양이다. 소녀가 고개를 갸우뚱하며 묻는다.

"머리가 녹슬다니요?"

"다친 팔을 깁스해서 오래 묶어 놓으면 깁스를 풀고 나서도 그 팔은 힘이 떨어져 제대로 움직이지 못하거든요. 우리 머리도 마찬가지예요. 책을 읽으며 자꾸 머리를 써야 창의력과 상상력이 길러지는 법이지요."

"……."

데이비드 흄(1711~1776년) 영국 경험론의 대표적인 철학자이다. 대부분의 경험론자들은 지식이 경험에 의해서 만들어진다고 한다. 이성은 우리에게 있는 그대로의 사실을 말해 줄 수 없으므로 경험을 통해 알아내야 한다는 것이다. 이런 경험은 눈, 코, 입, 귀와 같은 감각 기관을 통해서 이루어진다. 따라서 모든 인과 법칙은 습관의 산물인 것이다. 그는 예를 들어 '아침이 왔다'와 '해가 동쪽에서 떴다'라는 사실은 이성에 의해 아는 것이 아니라 습관에 의해서 이루어진다고 말한다. 그의 저서로 《영국사》, 《인간 오성에 관한 연구》, 《종교의 자연사》, 《자연 종교에 대한 대화》 등이 있다.

"난 역사책들을 보면서 깨달았어요. 어떤 나라든 창의력과 상상력을 가지고 활발하게 움직일 때는 강력한 힘을 지니게 된다는걸."

소녀는 내 말을 놓치기라도 할까 봐 공책에 부지런히 메모하고 있다. '쓰윽, 쓱' 하고 연필로 쓰는 소리가 날 정도로 빠르게 말이다. 소녀는 나를 바라볼 틈도 없이 묻는다.

"그럼 그런 강한 나라가 왜 망하나요?"

"지금의 상태에 만족해 하면서 느긋하게 즐길 때 망하지요. 얻을 만큼 얻었다고 느끼며, 더 이상의 꿈을 꾸지 않을 때 망하거든요."

"아하! 강한 나라도 생각하기를 멈출 때 멸망하는 거네요."

"맞아요. 이건 사람도 마찬가지랍니다. 다행히 난 그걸 어린 시절에 깨달았던 거죠."

"그럼 소장님의 뛰어난 발명은 모두 책을 읽으면서 길러진 창의력과 상상력, 그리고 계속 꿈꾸는 자세에서 나온 거였네요."

그때 비서가 김이 모락모락 나는 따끈한 코코아와 케이크 몇 조각을 들여왔다. 소녀가 공손히 인사를 하며 감사 표시를 한다. 예의 바른 모습이 보기 좋다.

"사실 나를 발명의 길로 이끈 결정적인 책은 그린 파커의 《자연 과학과 실험 과학 입문》이었어요."

"아, 그 책이요? 저도 그 책을 읽어 봤는데, 좀 딱딱하지 않나요?"

"소피아 기자는 그 책을 어떻게 읽었나요?"

소녀는 별 이상한 질문을 다 한다는 표정으로 나를 바라본다.

"어떻게 읽다니요? 좀 어렵지만 다른 아이들처럼 눈으로 따라 읽으면서 이해하려고 애썼죠. 그리고 중요한 공식은 달달 외우고요."

"난 그 책을 암기하지 않았어요."

"그럼 그 책을 읽어 봐야 별로 소용이 없을 텐데요. 거기 나오는 공식들이 무척 중요하거든요. 흠흠."

어깨를 으쓱이며 말하는 소녀가 귀엽기 그지없다. 그 책에 관해서는 자기가 나보다 낫다는 표현이리라. 웃음을 참으며 입을 연다.

"난 그때 우리 집 지하실에 실험실을 차려 놓고 그 책의 내용을 이해할 때까지 그대로 따라해 보았거든요."

"우아! 그걸 전부 직접 실험해 보셨다고요?"

소녀의 벌어진 입이 다물어지질 않는다. 잠시 후 정신을 차린 소녀가 믿기 어렵다는 표정을 지으며 묻는다.

"그러려면 많은 장비가 필요했을 텐데요."

"난 실험 도구와 약품을 사기 위해 텃밭에 야채를 키워서 팔았어요. 또 우리 아버지는 내가 책을 읽을 때마다 25센트를 주셨는데, 난 그 돈을 받으려고 책을 더 많이 읽었죠. 하하."

조금 전까지만 해도 공식적으로 인터뷰하던 기자가 이제 나를 존경하는 소녀로 바뀐 듯하다. 내가 어린 시절부터 남들과 다른 점이 있다는 걸 발견한 모양이다.

"내가 열두 살 때였어요. 제재소를 운영하던 아버지의 사업이 잘 안됐어요. 그래서 난 디트로이트와 포트휴런 사이의 100킬로미터를 운행하는 그랜드트렁크 철도회사의 판매원으로 취직했지요. 난 열차 안에서 신문, 과일, 과자, 사탕 같은 걸 팔았어요."

"어쩜! 힘들지 않았나요? 전 가끔 취재하러 다니는 것도 힘들다고 투덜거리는데요. 헤헤."

"좀 힘들긴 했지만, 내가 돈을 벌어 집안을 도울 수 있었기 때문에 뿌듯했어요. 더욱이 물건을 팔고 남는 시간에는 기차의 화물칸에서 책을 보며 실험을 할 수 있었거든요."

"기차 안에서도 책을 보며 실험을 했다고요?"

"네. 그러던 어느 날이었어요. 역에 도착했더니 기차가 막 떠나는 거예요. 그래서 마구 달려가는데 기차에서 나를 본 차장이 내 귀를 잡아 끌어 올렸어요."

"어머나!"

소녀는 손을 입에 대고 안됐다는 표정을 짓는다.

"귀가 얼얼하더라고요. 그런데 불행한 일은 잇따라 일어난다고 그 날 화물칸에서 실험하다가 불이 나고 만 거예요. 난 차장에게 따귀를 심하게 맞고 쫓겨났지요."

"저걸 어쩌나!"

"그런데 그날 이후부터 귀가 잘 안 들리게 됐어요. 난 열두 살 때부터 감미롭게 지저귀는 새소리를 들을 수 없었어요."

그 당시의 나와 나이가 같은 소녀의 눈시울이 붉어진다. 나 역시 목이 멘다. 잠시 창밖으로 눈을 돌린다. 살포시 내리는 흰 눈이 온 세상을 부드럽게 감싸고 있다.

"난 남의 말을 잘 못 듣게 되면서부터 더욱 책에 빠져 들었어요. 책이야말로 나의 유일한 선생님이자 친구였던 거죠."

"……."

"어려서 귀가 잘 안 들릴 때는 정말 슬펐어요. 남들이 날 싫어하고, 따돌리는 것 같았거든요. 그런데 책을 읽고 실험을 하는 데는 그만이더라고요. 세상의 불필요한 일에 신경을 안 써도 됐으니까요."

"그게 습관이 돼서 나중에는 편해지셨다는 건가요?"

"맞아요. 난 지금도 집중하지 않으면 잘 안 들리지만, 그것 때문에 슬프거나 불편하지 않아요."

"소장님은 장애까지도 슬기롭게 이용하신 거네요."

"그걸 전화위복이라고 하죠. 처음엔 나쁜 일이었지만, 나중에는 좋은 일로 바뀐다는 뜻이죠."

이제야 소녀의 얼굴이 다시 환하게 피어오른다.

"미친 듯이 책을 읽던 그때 난 디트로이트 공공 도서관에 있는 책을 전부 읽으려는 결심까지 했어요."

"도서관 전체를 읽는다고요?"

"물론 다 읽지는 못했지만, 내 인생의 등불과 같은 책을 얻었죠."

"그게 뭐죠?"

소녀가 의자를 당기며 바싹 다가앉는다.

"엔드루 유레의 《예술, 공장 제품, 광산》이라는 책이었어요. 그 책에서는 실용적인 지식이 최고이며, 과학의 이론들은 별 쓸모없는 것이라고 했어요."

"너무 놀랍네요."

"한마디로 충격이었어요. 그저 이론만 앞세우는 과학자를 낮게 보고, 기술을 갖고 있는 장인들을 앞선 사람이라고 높이 평가했던 거예요."

"아하! 소장님 같은 사람 말이죠?"

갑자기 얼굴이 화끈거린다. 이거 내가 내 자랑하는 꼴이 됐다.

"아, 아니, 그런 뜻이 아니고……."

"호호. 그쯤은 저도 다 알아요. 학교에서 많은 공부를 하고 박사가 된 사람들은 이론에는 강하지만, 실제에는 약하다는 거죠?"

"맞아요. 그걸 다 이해했어요? 모르긴 해도 소피아 기자는 앞으로 큰 인물이 될 거예요."

"정말로요?"

얼굴이 빨개진 소녀가 고개를 숙이며 부끄러워한다. 그러나 이깨를 으쓱하며 스스로 자랑스러워하는 모습이 또렷하다. 똘똘하기도 하고 순박하기도 한 모습이 보기 좋다.

"그 책을 읽은 후로는 누가 나보고 어느 학교에 다녔냐고 물어봐도 떳떳하게 대답했지요."

"뭐라고 하셨는데요?"

"미시간 실험 초등학교, 미시간 실험 대학교에 다녔다고 했지요. 난 미시간 주에서 주로 자랐거든요. 하하하."

"네에? 호호호."

두 사람의 웃음소리가 연구소를 흔들 정도로 낭랑하게 울려 퍼진다. 깜짝 놀라 달려온 비서가 문을 슬며시 열어 보곤 안심한 듯이 미소를 지으며 돌아간다.

"그런데 그 책만큼이나 나에게 영향을 끼친 책이 또 하나 있었어요. 마이클 패러데이의 3권으로 된 《전기와 관련된 실험 연구들》이었답니다."

마이클 패러데이(1791~1867년) 전자기학의 아버지라고 불리는 영국의 물리학자이자 화학자이다. 그는 영국에서 대장장이의 아들로 태어나 정식 교육을 거의 받지 못했다. 12살 때부터 제본소에서 일하면서 독서를 즐겼는데, 어느 날 제본해 달라고 맡겨 놓은 백과사전에서 전기에 관한 부분을 읽고 전기에 흥미를 갖게 됐다. 결국 왕립연구소 화학자의 조수로 일하면서부터 본격적인 연구의 길에 들어서게 됐다. 그는 당시에 각기 다른 원리를 따르는 것으로 알려진 전자기 현상과 자기장 현상이 사실은 서로 밀접하게 관련이 되어 있다고 주장했다. 그는 사람들에게 과학에 관한 흥미를 돋우는 많은 강연을 하여 과학의 대중화를 이루었다는 평가를 받고 있다.

"그 책도 실험 위주의 책이었나요?"

"맞아요. 전기 분해의 법칙과 전자기 유도의 원리를 잘 설명해 주고 있어요. 내가 백열전구를 비롯한 전기와 관련된 것들을 발명하는 데에 결정적인 발판이 됐지요."

"아, 네."

"그런데 나를 더욱 감동시킨 건 그 책을 쓴 분이 학교 문턱에도 못 가 봤다는 거예요."

이제는 내가 더 신이 난다. 인터뷰를 하는 건지 강연을 하는 건지 모르겠다. 아무렴 어떤가. 내 어린 시절의 얘기가 많은 어린이들에게 힘과 용기를 줄 수 있다면 그것으로 성공적인 인터뷰 아닌가.

"학교에도 안 다닌 분이 어떻게 그런 책을 썼죠?"

"마이클 패러데이는 집이 워낙 가난해서 12살 때부터 제본소에서 일했대요. 그러나 책 읽기를 좋아해서 짬이 날 때마다 책을 읽었다는 거예요. 결국 그 분은 나중에 영국의 유명한 물리학자가 되었죠. 힘들 때마다 나에게 큰 용기를 준 책이랍니다."

"그분은 어린 시절을 소장님과 거의 비슷하게 지내셨네요."

"그런 면이 있죠. 나도 힘들게 일하면서 책을 손에서 놓지 않았으니까요."

이제 인터뷰를 끝내려는 듯이 소녀가 자세를 바로잡으며 묻는다.

"오늘 말씀 감사합니다. 마지막으로 웨스트오렌지 어린이신문 독자들에게 한 말씀 해 주시죠."

"책을 대충 읽거나, 또는 반대로 달달 외우는 것보다는 끊임없이 생각하며 읽는 것이 중요하답니다. 이렇게 하면 창의력과 상상력이 길러져서 모든 어린이가 재미있게 자기 일을 하게 되어 큰일을 이룰 수 있다고 생각해요. 책을 읽는 것은 그 자체로 참 행복한 일이랍니다."

"전 오늘 인터뷰하면서 소장님 팬이 됐어요. 호호."

"그래요? 나도 사실 소피아 기자의 팬이 됐는데요."

그러자 소녀가 새침하게 쏘아붙인다.

"치! 소장님은 신문과 기자에 대해서는 잘 모르시잖아요?"

"나에 대해 아직 잘 모르는군요. 열차 판매원 시절, 난 화물칸에 낡은 인쇄기와 활자를 들여놓고 신문을 찍은 적이 있었어요."

"신문을 직접 만드셨다고요?"

"〈그랜드트렁크 헤럴드〉라는 주간 신문이었어요. 기차 안에서 벌어지는 이런 저런 일을 써서 기차 승객들에게 3센트에 팔았죠. 남북전쟁 얘기를 실어서 큰 돈을 벌기도 했고요. 내가 가지고 있는 정보와 지식을 많은 사람들에게 알리고 싶었거든요."

"그럼 신문사의 기자, 편집자, 사장님을 모두 하신 셈이네요?"

"험험. 그럼요."

"너무 멋져요. 소장님 브라보!"

"소피아 기자도 파이팅!"

어느새 창밖에는 눈이 그쳤다. 겨울 햇빛이 방 안으로 따사롭게 흘러든다.

에디슨
책으로 발명왕의 자리에 오르다

　토머스 앨바 에디슨은 1847년 2월 11일에 미국 오하이오 주 미란에서 제재소를 경영하던 새뮤엘의 셋째 아들로 태어났다. 그의 고향인 미란은 휴런 운하가 있는 곳으로 중요한 항구였다. 당시의 운하는 배로 모든 것을 실어 나르는 중요한 교통로로서 오늘날의 고속도로와 같은 역할을 했다. 그러나 오하이오에 철도가 놓이게 되면서 운하의 역할이 줄어들었다. 더욱이 기차가 미란을 지나지 않게 되자 교통 중심지였던 이곳의 중요성도 줄어들게 되었다. 그러자 에디슨의 부모는 미시간 주 포트휴런으로 이사를 했다. 에디슨은 그곳에서 초등학교에 들어갔으나 3개월 만에 학교를 그만두고 어머니로부터 교육을 받았다.

　12살이 된 에디슨은 집안이 가난하여 무슨 일이든 해야만 했다. 그러던 중 그는 휴런 항구와 그곳에서 가장 가까운 대도시인 디트로이트를 연결하는 기차에서 물건을 파는 일을 하게 되었다. 경영 능력이 있던 에디슨은 휴런 항구에 신문과 잡지를 파는 가판대를 두 개나 운영하면서 자신의 신문을 발행하기도 했다. 이렇게 번 돈으로 기차의 화물칸에 작은 실험실을 만들어 실험을 계속했다. 이 무렵 에디슨은 사소한 일로 귀를 다쳐 소리를 잘 듣지 못하게 됐다. 그는 이를 계기로 하여 더욱 책과 실험에 빠져들었다.

　그러던 중 에디슨은 역장의 어린아이를 구해 준 답례로 전신 기술을 배우게 되어 1869년까지 여기저기에서 전신수로 근무하였다. 이때부터 전기와 전신에 관련된 여러 발명품을 만들었는데, 1869년에 발명

하여 최초로 특허를 딴 전기 투표 기록기가 대표적이다. 두 번째 발명품인 주식 시세 표시기는 5,000달러에 팔려고 했으나, 투기 열풍이 불고 있는 월스트리트에서 무려 4만 달러에 팔렸다. 에디슨은 이 자금으로 1871년에 뉴저지 주의 뉴어크에 공장을 세우고 이곳에서 5년간 발명에 전념하였다. 그해에 인쇄 전신기, 이듬해에 이중 전신기, 1874년에 사중 전신기를 발명하였다.

에디슨은 1876년 멘로파크에 연구소를 세우고 발명에 박차를 가해 탄소 전화기와 축음기를 발명했다. 이어 1879년에는 백열전등을 발명하여 온 세상을 대낮처럼 밝혔다. 1887년에는 뉴저지 주 웨스트오렌지에 세계 최대의 연구소를 세우고, 영화 촬영기와 영사기를 발명하였다.

이후 제1차 세계 대전이 발발하여 미국이 참전하게 되자, 에디슨은 해군 고문 회의의 회장직을 맡기도 했다. 전쟁이 끝난 후 다시 웨스트오렌지에 있는 연구소에 돌아와 연구를 계속하였는데, 학교를 안 다닌 에디슨은 학교에 대해 좋은 인상을 갖고 있지 않았다. 학교 교육은 두뇌를 하나의 틀에 맞추기 때문에 독창적인 사고를 길러 내지 못한다는 것이었다.

평생 1,093개의 특허를 얻은 발명왕 에디슨은 1931년 10월 18일 세상을 떴다. 그가 태어난 미란의 생가는 나라에서 보호 관리하고 있으며, 미시간 주 디어본으로 옮겨진 멘로파크의 연구소와 웨스트오렌지의 연구소는 각각 박물관으로 남아 있다.

발명가가 남긴 명언

✤ 천재는 99퍼센트의 땀과 1퍼센트의 영감으로 만들어진다.

✤ 고생하지 않고 얻을 수 있는 귀중한 것은 하나도 없다.

✤ 성공이란 그 결과로 측정하는 게 아니라, 그것에 쏟은 노력의 양으로 따져야 한다.

✤ 사람이 죽는다고 해도 만일 그가 그의 아이들에게 열심이라는 단어를 남겨 주었다면, 그는 아이들에게 크나큰 가치가 있는 재산을 남긴 것이다.

✤ 나는 지금까지 우연한 기회에 어떤 가치 있는 일을 이룬 적이 없다. 나의 여러 가지 발명 중에 그 어느 것도 우연히 얻어진 것은 없었다. 그것은 꾸준하고 성실히 일을 함으로써 이룩된 것이다.

✤ 나의 발명은 한 가지 일에 무수한 경험을 쌓아올린 결과다.

✤ 남들이 성공적으로 이용한 진기하고 재미난 아이디어들을 그대로 넘기지 말라. 당신이 안고 있는 문제를 풀기 위해 그것들을 응용할 때 그것은 이미 당신의 독창적인 아이디어가 된다.

✤ 변명 중에서도 가장 어리석고 못난 것은 '시간이 없어서' 이다.

✤ 인생에서 성공하기를 바라는 사람은 굳은 참을성을 벗으로 삼고, 경험을 현명한 조언자로 두며, 주의력을 형으로 삼고, 희망을 수호신으로 하라.

✤ 자신감은 성공으로 이끄는 제1의 비결이다.

✤ 전구를 발명하기 위해 나는 9,999번의 실험을 했으나 잘되지 않았다. 그러자 친구는 실패를 1만 번째 되풀이할 셈이냐고 물었다. 그러나 나는 실패한 게 아니고, 전구가 안 되는 까닭을 수없이 발견했을 뿐이다.

발명가가 즐겨 읽은 책

레 미제라블

프랑스의 빅토르 위고(1802~1885년)가 1862년에 발표한 장편 소설이다. 주인공인 장 발장은 한 조각의 빵을 훔친 죄로 감옥에 들어간 후 탈출하려다 잡혀 19년간이나 더 감옥살이를 한다. 감옥에서 나온 장 발장은 하룻밤 묵게 해 준 신부의 방에서 은 촛대를 훔쳤다가 다시 체포되어 끌려가게 된다. 이때 밀리에르 신부는 자기가 그것을 주었다고 말해 그를 구해 준다. 장 발장은 여기서 사랑에 눈을 뜨게 되어 이름을 바꾸고 사업을 하여 재산을 모으고 시장까지 된다. 주인공 장 발장은 쫓기는 처지에서도 어려움에 처해 있는 주변 사람들을 도와줌으로써 잔잔한 감동을 불러일으킨다. 에디슨은 어렵게 생활하던 어린 시절에 이 책을 보면서 세상을 위해 도움이 되는 사람이 되겠다는 꿈을 키웠던 것이다.

로마 제국 쇠망사

영국의 역사가 에드워드 기번(1737~1794년)이 지은 역사책이다. 6권으로 간행된 계몽주의 역사학의 대표적인 작품이다. 트라야누스(재위 98~117년) 황제 시대에서 시작하여 서로마 제국의 멸망, 유스티니아누스 1세(재위 527~565년)의 동로마 제국 건국, 샤를마뉴(재위 768~814년)에 의한 신성 로마 제국 건국, 투르크의 침입에 의한 비잔틴 제국의 멸망까지 약 1,300년간의 역사를 그렸다. 그리스도교의 확립, 게르만 민족의 이동, 이슬람의 침략, 몽골의 유럽 정벌, 십자군 원정 등 폭넓은 지역에 걸친 다양한 사건을 다루고 있다. 고대와 근대를 잇는 다리 역할을 했으며, 유럽의 역사를 알기 위해서 반드시 읽어야 할 책으로 꼽힌다.

못 보고 못 듣고 말 못한 헬렌 켈러

책 읽기로 장애를 극복하다

오늘은 1931년 10월. 상쾌한 가을바람이 산들산들 불고, 풀과 나무의 향이 그윽한 날이다.

"우아! 헬렌 켈러 여사다."

"어디, 어디?"

아무 소리도 들리지 않는 가운데 내 손바닥 밑에서 설리번 선생님의 손이 바쁘게 움직인다. 손으로 에이, 비, 씨 알파벳 모양을 만들어 내 손에 전해 주면서 주변 상황을 알려 준다.

'지금 시각 청각 장애인 학교에 도착했다. 어린이들이 너를 보기 위해 교실 창밖으로 고개를 내밀고, 손을 흔들고 있다.'

"여러분! 안녕하세요?"

난 아주 어릴 때 큰 병을 앓아서 보지도 듣지도 말하지도 못하게 됐다. 그러나 10살 때 풀러 선생님에게 발성법을 배워 다행히 말은 할 수 있게 됐다. 선생님이 말할 때 입술을 만지면서 혀의 움직임을 흉내 내고 목 떨림을 손으로 느끼며 말소리를 따라했다. 말 한 마디를 하는 데 하루 종일 걸렸지만, 눈물 나게 연습해서 마침내 말을 하게 됐다. 비록 나는 내가 말하는 소리를 듣지 못하지만 말이다.

교장실의 폭신한 의자에 앉자 설리번 선생님의 손이 다시 내 손 안에서 움직인다. 전교생을 위한 강연은 오후로 예정돼 있고, 지금은 학생 대표인 세 어린이와 대화하는 시간을 마련했다고 한다. 그들에게 미소를 보낸다.

"반가워요."

'귀에 큼지막한 보청기를 낀 남학생이 바로 앞에 있다. 발음이 정확하지는 않지만 그런대로 말을 곧잘 한다. 자기는 네가 듣지 못한다는 얘기를 들었는데, 어떻게 말을 알아듣냐고 묻고 있다.'

"우리 설리번 선생님이 내 손에 글을 써 주기 때문이지요."

'어떻게 나를 만나게 됐냐고 다시 묻는다.'

"그걸 다 말하려면 좀 복잡한데요. 부끄럽기도 하고요. 호호."

설리번 선생님을 만난 지도 벌써 44년이나 됐다. 장애인인 내가 하버드 대학교를 졸업한 것도 그렇고, 올해 필라델피아 템플 대학에서 명예박사학위를 받은 것도 모두 선생님 덕분이다. 또한 세계 시각 장애인 회의에 참가해 장애인들의 복지를 위해 일하게 된 것도 선생님이 없었다면 불가능한 일이었을 것이다.

"6살 때 선생님을 처음 만났죠. 그때 난 손으로 음식을 집어 먹고, 물건을 마구 집어던지기도 했어요. 마치 길들여지지 않은 야수와 같았죠. 듣지도 보지도 말하지도 못하는 사나운 동물 말이에요."

'아이들이 모두 놀라고 있다. 방금 질문한 아이가 지금처럼 우아한 부인이 그랬을 리 없다고 한다.'

"그날부터 선생님과 나는 거의 싸움을 하다시피 했답니다. 선생님은 나에게 씻는 법, 몸단장하는 법, 식사하는 법 등을 하나하나 가르

※ **점자** 앞을 못 보는 맹인이 손가락으로 더듬어 읽도록 만든 맹인용 글자이다. 두꺼운 종이 위에 도드라진 크고 작은 여섯 개의 점을 여러 가지 모양으로 찍은 것으로, 나라마다 그 문자에 맞추어 달리 사용하고 있다. 1829년 프랑스의 시각 장애인인 브라유가 예전에 내려오던 점자를 지금처럼 간편하게 만들었다. 이외에 1870년경에 미국인 웨이트가 만든 4점 점자인 뉴욕 포인트가 있다. 이것은 한때 미국에서 널리 사용되었으나, 지금은 6점 점자만이 세계 여러 나라에서 사용되고 있다. 우리나라의 경우에는 미국의 선교사인 로제타 여사가 1880년대에 평양 맹아 학교를 세우면서 4점 점자가 처음 사용되었다. 지금은 1926년에 박두성이 만든 한글 점자를 쓰고 있다.

치셨죠. 그리고 책 읽는 법도요."

'네 왼쪽에 앞을 못 보는 아이가 있는데, 약간 통통하고 귀엽게 생긴 여학생이란다. 그 아이가 너도 점자로 책을 읽었냐고 묻고 있다.'

"처음에는 선생님이 손에 글씨를 써 주셨는데, 난 그게 무슨 뜻인지를 몰랐어요. 그러던 어느 날이었어요. 선생님께서 내게 인형을 주고는 내 손에 'd-o-l-l'(인형)이라고 써 주셨어요. 문득 바로 그게 그 물건의 이름이란 걸 알게 됐어요."

'아이들의 눈이 동그래졌다.'

"선생님은 곧바로 펌프에서 쏟아지는 물에 내 손을 갖다 대고 내 다른 쪽 손에 'w-a-t-e-r'(물)이라고 쓰셨어요. 난 그 물에 손을 대고, 머리를 대며 미친 듯이 '우우!' 하고 마구 소리 질렀답니다. 모든 사물에 이름이 있고, 그것을 표현하는 방법이 있다는 걸 처음 알았기 때문이었죠."

'아이들이 박수를 치며 축하해 주고 있다.'

40년도 넘은 아주 오래전 일이지만 그때를 생각하면 지금도 가슴에서 뜨거운 것이 솟구쳐 오른다.

"여러분, 고마워요. 그때 일을 생각하니까 나도 막 눈물이 나려고 해요. 그때 비로소 난 세상을 보고 들을 수 있게 되었어요."

'네 오른쪽에 말을 못하는 아이가 앉아 있다. 좀 마른 편인데, 눈망울이 아주 또랑또랑한 남학생이야. 눈이 안 보이고 귀가 들리지 않는데 어떻게 세상을 보고 들을 수 있냐고 수화로 묻는다.'

"아! 그건 선생님께서 내 손에 글자 모양을 만들어 책을 읽어 주셨

고, 점자 책 읽는 법도 가르쳐 주셨기
때문이죠. 난 책을 읽으면서 세상을 보고
들을 수 있게 되었어요. 책이야말로 세상과 만나는
유일한 통로였거든요."
'그 아이가 어떤 책을 읽었냐고 다시 묻는다.'

잠시 생각에 잠긴다. 워낙 오래전 일이라 책 제목이 갑자기 생각나지 않는다.

"맞다! 내가 처음으로 읽은 점자 책은 7살 때 본 《우리 사는 세상》이라는 지구 이야기 책이었죠. 얼마나 되읽었던지 나중에는 점자가 다 닳아서 읽을 수 없을 정도였어요."

'아이들이 고개를 끄덕인다. 수화로 통역하는 이곳의 선생님도 너를 다시 보는 듯하다.'

"난 사물마다 이름이 있고, 세상에서 수많은 일들이 벌어지고 있다는 걸 안 다음부터는 그걸 모두 알고 싶었어요. 선생님이 손바닥에 만들어 주는 글에 열중했고, 올록볼록한 점자 책에 푹 빠져들었죠."

그때 일을 생각하면 지금도 흥분이 된다. 사물의 이름을 알아갈 때의 신기함과 떨림은 이루 말할 수 없었다. 입가에 미소가 번진다.

'앞을 못 보는 여자아이가 어느 학교에 다녔냐고 묻는다.'

"8살 때 보스턴에 있는 퍼킨스 맹아 학교에 입학했답니다. 그곳은 주로 앞을 못 보는 아이들이 다니는 학교였는데, 난 말도 못하고 듣지도 못했으니 참 힘들었지요."

'그럼 아이들과 잘 어울리지 못했냐고 다시 묻는다.'

"난 그때 세상의 모든 걸 있는 대로 받아들이려고 했어요. 마치 물

수화 말하지 못하거나 듣지 못하는 농아들이 입으로 말하는 대신 몸짓이나 손짓으로 자신의 생각을 전달하는 방법이다. 스페인의 보네가 1607년에 《알파벳의 단수화와 농아의 언어 교수법》이라는 책에서 수화 알파벳을 만들어 발표하였다. 프랑스의 레뻬가 수화는 농아의 모국어라고 주장하면서 18세기 농아 교육의 수단으로 사용하였다. 우리나라의 경우에는 미국의 선교사인 홀 여사가 1909년에 평양 맹아 학교에 농아부를 세워 교육이 시작되었다. 1982년에 약 5,700여 단어가 실린 《표준 수화사전》이 만들어졌다.

한 방울까지도 모두 빨아들이는 스펀지처럼 말이에요."

'아이들이 무슨 말인가 하고 고개를 갸우뚱하고 있다.'

"난 세상에 대한 호기심이 너무나도 컸기 때문에 외로울 틈조차 없었어요. 학교 도서관에서 손에 닿는 대로 책을 꺼내 읽었어요. 온 몸으로 세상을 받아들이려 했던 거죠."

'초등학교 1학년 때인데, 책 읽는 게 어렵지 않았냐고 말 못하는 아이가 수화로 묻는다.'

"사실 대부분의 내용을 이해하지 못했어요. 그러나 난 열에 한두 낱말만 알아도 읽었어요. 세상을 아는 게 즐거웠거든요. 이때부터 난 책은 눈이나 귀로 보고 듣는 것이 아니라 가슴으로 만나는 것이라고 생각했어요."

'이제 아이들이 질문을 하려고 서로 손을 들고 있다. 보청기를 낀 아이가 어떤 책이 가장 감명 깊었냐고 묻는다.'

보청기를 끼고서라도 들을 수만 있다면 얼마나 좋을까. 소리라는 것은 어떤 느낌일까. 사람의 말소리, 새의 지저귐, 물 흐르는 소리……. 다시 설리번 선생님의 손이 빠르게 움직인다.

"아, 미안해요. 내가 잠깐 다른 생각을 했어요. 들을 수 있는 사람은 얼마나 행복할까 하고 말이에요."

'말을 못하는 아이가 수화로 너는 말을 할 수 있는 행복한 사람이라고 한다.'

순간 '아차!' 하는 소리가 입에서 흘러나온다. 내가 얼마나 바보 같은 말을 했는가. 난 아직도 내게 없는 것을 부러워하고 갖고 싶어 하는 욕심쟁이이다.

"맞아요. 난 정말 행복한 사람이에요. 그건 어릴 적에도 마찬가지였죠. 어느 여름날이었어요. 솔향기가 폴폴 나고, 메뚜기가 포르르 날아다니는 그런 날이었어요. 설리번 선생님은 두 그루의 소나무에 매단 그물 침대 위에서 나에게 손으로 《소공자》를 읽어 주셨어요."

'아이들도 행복한 표정을 지으며 네 얘기를 듣고 있다.'

내가 행복해야 내 주위에 있는 사람들도 행복하다는 사실을 다시 뼈저리게 느낀다. 내 얘기를 행복한 마음으로 듣는 어린이들에게 고마울 따름이다.

"그때 설리번 선생님은 내가 모르는 단어가 나올 때마다 일일이 설명해 주셨어요. 참 친절하셨죠. 그러나 줄거리가 어떻게 진행되는지를 알고는 낱말에는 신경을 쓰지 않게 됐어요. 그래서 설명하지 말고 빨리 읽어 달라고 재촉했죠. 호호호."

'맞아. 그때 그랬지. 그때의 느낌을 아이들에게 더 얘기해 주렴.'

"난 《소공자》를 읽으면서부터 책은 낱말 하나하나보다는 전체적인 내용을 가슴으로 느끼는 게 중요하다는 걸 깨달았어요. 마치 한여름의 햇빛을 온몸으로 받아들이듯이, 또한 부모님의 사랑을 온 마음으로 받아들이듯이 말이에요."

'말하지 못하는 아이가 그 말은 가슴을 연다는 뜻이냐고 수화로 묻는다.'

"그래요. 나무 하나하나보다는 숲 전체를 보는 독서 방법이지요."

'그 아이가 그게 무슨 뜻이냐며 다시 묻는다.'

"남들보다 책을 읽는 속도가 엄청나게 느린 내가 단어 하나하나를 신경 쓰며 독서했다면 오늘날 내가 없었을지도 몰라요. 퍼킨스 맹아 학교의 교장 선생님인 애너그너스 씨가 나를 위해 《소공자》를 점자 책으로 만들어 주셨어요. 난 처음에는 모르는 단어를 그냥 지나치며 읽었는데, 수없이 읽다 보니까 나중에는 모르는 단어가 거의 없게 되더라고요. 처음에는 전체 내용을 가슴으로 느끼고, 나중에 단어를 익

하는 방법이지요."

　내 말이 끝났는데도 설리번 선생님의 손이 가만히 있다. '무슨 일인가?' 하고 궁금해 하고 있는데 다시 손이 재빠르게 움직인다.

　'말을 못하는 아이가 자기는 모르는 단어가 나오면 책 내용을 알 수 없어서 반드시 사전을 찾아보거나 다른 사람에게 물어본다고 한다. 그렇게 해야 책을 잘 읽는 것이 아니냐고 수화로 묻는다.'

　"독서는 사람마다 다 자기만의 가장 좋은 방법이 있게 마련이에요. 어떤 사람은 빨리 전체 내용을 파악하며 읽기를 원하고, 어떤 사람은 천천히 정확하게 읽기를 원하기도 하죠. 그건 사람마다 다르니까 어느 것이 더 낫다고 할 수 없어요. 그러니까 지금 질문한 어린이 방법도 옳다고 해야겠죠."

　'아이가 고개를 끄덕이며 환한 미소를 짓는다. 자기만의 방법이 가장 좋은 것이라고 우기지 않는 너의 태도가 마음에 들었나 보다.'

　나도 기분이 좋다. 사람은 모두 자기만의 사는 방식이 있지 않은가. 모두가 자신과는 다른 남들의 삶을 인정해 주고 보듬어 줄 때 평화와 행복이 만들어지는 것이리라.

"아무튼 정직하고 활발하고 용기 있는 소공자는 내 어린 시절의 가장 다정하고 상냥한 친구였어요. 주변에 있는 모든 이를 행복하게 해 주는 친구 말이에요."

갑자기 내 가슴이 소녀처럼 콩닥콩닥 뛴다. 사랑하는 나의 소공자 세드릭. 그 책을 읽으면서 나도 세드릭처럼 꽁꽁 얼어붙은 사람들의 마음을 녹여 주고, 주위 사람들을 행복하게 해 주는 사람이 되고 싶었는데…….

'앞을 못 보는 여자아이가 다른 책은 없었냐고 수줍게 묻는다.'

"《아라비안나이트》, 《작은 아씨들》, 《하이디》 같은 책을 재미있게 읽었답니다. 특히 알프스에 사는 하이디라는 소녀는 소공자인 세드릭과 닮은 점이 아주 많아서 여러 번 읽었어요."

'어떤 점이 비슷하냐고 묻는다.'

"하이디와 세드릭은 모두 무뚝뚝한 할아버지에게 맡겨지죠. 그리고 두 사람 모두 거짓 없는 착한 마음으로 할아버지의 굳게 닫힌 마음을 열게 하고, 주변 사람들을 행복하게 만들어 준답니다. 나도 그런 사람이 되고 싶었거든요."

'방금 질문한 아이가 자기들처럼 육체적인 장애를 가지고 있는 어린이들이 어떻게 남을 행복하게 만들 수 있냐고 묻는다.'

"우리가 가지고 있는 장애는 좀 불편할 뿐이지 세상을 따뜻하게 하는 데에는 어떤 걸림돌도 되지 않아요. 우리 스스로 포기하거나, 남에게 의지하려고 하지 않으면 그렇게 할 수 있어요. 깨끗하고 밝은 마음을 가지고 진심으로 사람들을 만난다면 모든 사람들이 행복해 할 거예요."

'사람들이 너를 빛의 천사라고 부르는 이유를 알겠다고 한다. 아이들이 네 말을 듣고 용기를 갖는 듯하구나.'

나 역시 그렇게 살려고 무던히 애써 왔다. 나보다 힘들게 사는 사람들에게 희망의 빛을 주려고 말이다.

그런데 지금 이 방 안에 무슨 일이 일어났나 보다. 설리번 선생님의 손이 움찔하며 얼마 동안 멈추고 있다. 선생님 손의 떨림이 가라앉기를 기다렸다가 입을 연다.

"무슨 일이 있나요?"

'어디선가 고양이 한 마리가 들어왔는데, 그 고양이를 잡으려고 하는 통에 방이 좀 소란스러워졌다. 이제 막 나갔다.'

남들 놀랄 때 놀라지 않고 혼자 태연하게 있으니 그 모양을 상상하면 웃음이 나기도 한다. 우당탕탕 하는 난리 통에도 돌조각처럼 아무 일 없다는 듯이 우아하게 앉아 있는 부인의 모습이라니. 설리번 선생님의 손이 다시 차분하게 움직인다.

'보청기를 낀 아이가 재치 있게도 동물에 관한 책은 안 읽었냐고 묻는다. 자기는 동물 이야기가 가장 재미있다고 한다.'

"나도 《정글 북》이나 《시튼 동물기》 같은 책을 무척 좋아했답니다. 동물들이 사람처럼 느끼고 생각하고 행동하는 걸 보면서 신기해했죠. 어떤 때는 동물이 우리 사람보다도 더 똑똑하고 위대하다고 생각한 적도 있는 걸요."

'그럼 너도 자기처럼 《이솝 우화》를 좋아하냐고 다시 묻는다.'

"난 동물은 좋아하지만, 동물 우화는 별로 좋아하지 않았어요. 곰이나 여우 같은 동물의 입을 빌어 사람에게 교훈을 주는 것이 싫었거든요. 동물이 사람을 가르치는 것처럼 느껴져서요."

설리번 선생님이 잠시 쉬자고 한다. 선생님도 이제는 많이 늙으셨다. 벌써 64살이나 되지 않았는가. 선생님은 나를 만나기 전에 퍼킨스 맹아 학교의 교사였다. 그후로는 나와 함께 44년을 지내고 있다. 학교를 갓 졸업한 20살밖에 안 되는 선생님이셨지만, 끈기 있게 애정을 가지고 정말 헌신적으로 나를 가르치셨다.

선생님도 어려서 트라코마 눈병을 앓아 시력을 반쯤 잃어 잘 못 본다는 건 아주 나중에 알았다. 그 얘기를 듣고는 얼마나 울었던지. 그런 분이 나 같은 사람을 돌보기 위해 교사가 되셨다니 놀랍고도 고마운 일이었다. 선생님의 손을 꼭 잡으며 한 마디 건넨다.

"선생님 고맙습니다."

'뭐가?'

"선생님 덕분에 야수같던 아이가 사람이 됐고, 받기만 하고 기대기만 하며 살던 나약한 욕심쟁이가 남을 도우며 살게 됐으니까요."

시튼 동물기 어니스트 톰슨 시튼(1860-1946년)이 쓴 동물 소설들을 말한다. 그는 영국에서 태어났으나, 소년 시절을 캐나다 남부의 삼림 지대에서 보냈고 런던과 파리에서 그림과 박물학을 공부한 후 미국으로 건너갔다. 자신을 스스로 검은 늑대라고 불렀던 시튼은 1894년에 《늑대왕 로보》를 발표했고, 이어 1898년에 《내가 아는 야생 동물》을 발표하여 유명해졌다. 그 뒤 1900년에 《회색곰의 일대기》와 1906년에 《동물의 영웅들》 등을 썼다. 그는 《시튼 동물기》로 알려져 있는 여러 동물 소설들을 동물에 대한 정확한 지식과 관찰을 바탕으로 써서 동물 문학에 커다란 영향을 끼쳤다. 시튼이 직접 그린 그림을 곁들여 더욱 생동감이 넘친다.

'그럼 미녀와 야수가 따로 없었구나. 호호호.'

"어머! 선생님 놀리지 마세요. 그때 일은 생각만 해도 부끄러워요."

'사실 나도 고맙단다. 넌 나의 보람이야.'

선생님의 손에 힘이 들어간다. 갑자기 눈물이 핑 돈다. 내가 고마워해야 하는데 오히려 선생님이 고맙다니…….

'아이들이 네 말을 좀 더 듣고 싶어 하는구나. 말을 못하는 아이가 커서는 어떤 책을 읽었냐고 수화로 묻는다.'

"《일리아드》가 재미있었어요. 난 그 책을 읽으면서 마치 그리스가 나의 낙원이라는 생각이 들 정도였으니까요. 수많은 영웅들이 서로 겨루고 사랑하고 미워하는 모습을 보면서 나도 그들과 함께 숨쉬고 걷고 달렸으면 하고 상상했죠."

'자기도 그 책을 읽었다며 좋아하는구나.'

"그러나 많은 학자나 문학가들이 위대한 시인의 작품을 자세히 해설하고 모르는 말들에 주석을 붙여 놓은 것은 별로 좋지 않았어요."

'자기는 그게 있어서 내용을 쉽게 이해할 수 있었다고 하며 아이가 고개를 갸우뚱한다.'

"물론 그런 해설이나 주석은 내용을 자세히 이해하는 데 도움이 되지요. 그러나 책의 전체 내용을 가슴으로 받아들이는 데는 방해가 돼요. 또 멋진 상상의 나래를 펼치는 걸 막기도 하고요. 보이지 않는 세계를 마음속에 그려 보는 것이야말로 책을 읽는 진정한 즐거움이라고 생각해요."

'……'

"난 여태까지 책을 읽으면서 꼼꼼히 분석하거나 평가하거나 하지 않았어요. 나한테 그런 일은 독서의 즐거움을 빼앗아 가거든요."

어린이들이 고개를 끄덕인다는 말을 전해 들으니 내 생각이 틀리진 않은 모양이다. 독서의 즐거움에 대한 말이 나온 김에 내 경험을 좀 더 얘기해야겠다.

"난 장애인으로서 처음으로 하버드 대학교에 입학했어요. 그때 도서관에서 셰익스피어의 《맥베스》나 《리어왕》과 같은 작품들을 읽으면서 주인공의 비극적인 삶이 무섭기도 하고 화가 나기도 하고 나중에는 불쌍하다는 생각을 했죠. 내가 마치 주인공인 양 화내고 웃고 울고 하는 동안에 내 마음이 아주 편안해졌다는 느낌을 받았어요. 내 마음속에 있던 슬픈 생각들이 싹 씻겨 나간 느낌말이에요."

'앞을 못 보는 여자아이가 그걸 마음속의 찌꺼기를 걸러 내는 카타르시스라고 하지 않느냐고 묻는다. 어릴 적의 너를 보는 것 같구나.'

"오호! 그런 말을 알다니 대단하군요."

'그 아이가 부끄러운 듯이 몸을 약간 움츠린다. 함빡 웃으면서 말이다. 보청기를 낀 남자아이가 자기는 역사책이 좋은데, 너는 어땠냐고 묻는다. 여자아이만 칭찬해서 좀 샘이 나는 눈치다.'

"와! 그래요? 나도 역사책을 무척 좋아했어요. 난 세계사와 유럽사

※ **카타르시스** 비극적인 작품을 봄으로써 마음에 쌓여 있던 우울함, 불안감, 긴장감 등이 풀어지고 마음이 깨끗하게 씻겨 나는 것을 뜻한다. 아리스토텔레스가 《시학》이라는 책에서 처음 말했다. 비극적인 주인공의 비참한 운명을 보면서 관중이나 독자는 처음에는 두려움과 불쌍함을 느끼지만 점차 안심하며 안정을 되찾는다는 것이다. 일종의 정신적 만족이다. 우리말로는 정화라고 한다.

를 읽으면서 세상을 이끌어 온 분들이 인류를 위해 어떤 일을 했는지를 아는 게 즐거웠거든요. 그러면서 나도 세상을 위해 무슨 일을 할까 깊이 생각했답니다. 우리 어린이도 그런 생각을 많이 하죠?"

질문한 남학생이 자기보다 힘든 처지에 있는 사람들을 위해 살겠다는 말과 함께 환한 웃음을 짓는단다. 말 한 마디로 천 냥 빚을 갚는다고 했던가. 조금만 칭찬해 주고 격려해 주면 모두 이렇게 힘을 내는 것을 우린 너무 인색하게 살고 있지 않은가 싶다.

이제 시간이 다 되었으니 자리를 마무리해 달란다.

"난 책 몇 장을 보는 데 남보다 몇 배나 많은 시간이 든다는 게 화가 나기도 했어요. 남들이 불과 10분에 읽을 것을 난 1시간 이상 읽어야 했으니까요. 그러나 세상에 우뚝 서기 위해서는 험한 산을 혼자 올라가야 한다는 사실을 깨달았지요. 남들은 나는 듯이 달려갔지만, 난 미끄러지고 곤두박질치고 쓰러지며 천천히 한 걸음씩 정상을 향해 나갔죠. 그러고는 마침내 저 멀리 탁 트인 지평선을 보게 됐어요. 책은 장애인인 나에게 날개를 달아 주었어요. 자유로운 해방감을 느끼며 훨훨 하늘로 날아오르게 해 준 것이죠. 책은 나의 낙원이며 나는 그 나라의 시민이에요. 여러분은 나보다 장애가 심하지 않으니 나보다 더 잘할 수 있을 거예요. 안 그래요?"

'모두 씩씩하게 '네!'라고 외치는구나.'

"여러분 모두에게 행운이 있길 빌어요!"

헬렌 켈러
독서로 마음의 눈을 뜨다

　헬렌 켈러는 1880년 6월 27일에 미국 앨라배마 주의 북서쪽에 있는 작은 시골 마을인 투스쿰비아에서 정상적인 아이로 태어났다. 헬렌은 빛이라는 뜻의 이름인데, 그녀는 2살 무렵까지 다른 아기들처럼 별 탈 없이 잘 자랐다. 그러나 헬렌은 태어난 지 19개월 되었을 때 뇌척수막염이라는 병에 걸려 눈이 멀고, 귀가 먹고, 말을 하지 못하게 되었다.

　그녀는 손으로 음식을 먹고, 마음에 들지 않으면 손에 잡히는 대로 물건을 집어던지는 야수와 같은 생활을 했다. 그러던 헬렌은 6살이 되어서야 애니 설리번 선생님을 만나 교육을 받기 시작했다. 설리번 선생님 역시 어린 시절을 불행하게 보낸 사람으로 10살 때 남동생과 함께 고아원에 보내져 온갖 학대를 받으며 고통의 나날을 보냈던 것이다. 어린 시절의 불결하고 빈약한 환경 속에서 남동생은 죽고, 그녀도 트라코마 눈병을 앓은 탓에 시력을 반쯤 잃게 되었다. 그 후 퍼킨스 맹아 학교에서 교사를 하다 헬렌을 만나 그녀의 가정교사가 되었던 것이다. 설리번 선생님은 손으로 알파벳 모양을 만들어 이야기하는 방법을 통해 암흑에 갇힌 헬렌의 영혼을 일깨웠다. 기억력과 상상력, 호기심이 강한 헬렌은 세상의 모든 것을 설리번 선생님과 책을 통해 끊임없이 받아들였다.

　헬렌은 1888년에 보스턴에 있는 퍼킨스 맹아 학교에 입학하였고, 사라 풀러에게 발성법을 배워 말을 할 수 있게 되었다. 1894년에는 뉴욕에 있는 라이트휴메이슨 맹아 학교에 입학하였다. 이어 1896년에는

    케임브리지 대학교 부속 여학교에 입학하여 여동생 밀드레드와 함께 대학 입학 준비를 하였다. 16살이 되어서야 비로소 정상적인 또래 친구들과 함께 지내게 되었던 것이다. 마침내 헬렌은 1900년에 하버드 대학교 여자부 래드클리프 대학에 입학하여 정식 대학 교육을 받을 수 있었다. 그녀는 앞을 못보고 듣지 못하는 사람 중에서 세계 최초로 대학 교육을 받은, 그것도 우수한 성적으로 대학을 졸업한 사람이 되었던 것이다.

    1904년 대학을 졸업한 헬렌은 〈헬렌 켈러의 날〉이 제정되자 시카고 센트 힐 박람회에서 처음으로 연설을 했다. 1906년에는 메사추세츠 주의 시각 장애인 교육위원회의 위원이 되어 장애인을 위한 일을 본격적으로 하게 되었다. 그 후 그녀는 미국 본토는 물론 해외에서도 강연을 하게 되어 여행에 나서게 되었다. 그녀는 앞을 못보고 듣지 못하는 사람뿐만 아니라 모든 장애인을 이해하고 도와 달라고 호소했다. 또한 맹농아자의 교육과 사회복지시설의 개선을 위한 기금을 모아 맹농아자의 복지사업에 크게 공헌하였다.

    아울러 헬렌은 미국이 제1차 세계 대전에 개입하는 데 반대했고, 여성의 참정권을 옹호했으며, 어린이의 노동을 반대하는 운동을 펼치기도 했다. 그녀의 이러한 꺾이지 않는 정신력과 헌신적인 노력은 전 세계 장애인들에게 희망을 주었다. 그 뒤로 사람들은 헬렌을 빛의 천사라고 불렀다. 마침내 헬렌은 1964년에 미국 최고 훈장인 자유의 메달을 받았고, 1968년 6월 1일에 병상에서 세상을 떴다.

헬렌 켈러가 즐겨 읽은 책

아라비안나이트

《천일 야화》로도 불리는 아랍어로 쓰인 옛날 이야기책이다. 〈알라딘과 이상한 램프〉, 〈알리바바와 40인의 도적〉, 〈신밧드의 모험〉과 같은 큰 이야기 180편과 짧은 이야기 108편이 있다. 이 이야기를 지은 사람이 누군지는 한 사람도 알려져 있지 않다. 이 책은 페르시아의 샤리아르 왕이 왕비가 다른 남자를 좋아한다는 사실을 알고 화가 나서 왕비를 사형시키는 데서 시작된다. 여자를 믿지 못하게 된 왕은 처녀를 한 명씩 맞아들여 하룻밤을 지낸 뒤 다음 날 처형한다. 이때 한 신하의 영리한 딸인 샤흐라자드가 왕에게 시집가게 되고, 그녀는 결혼 첫날밤 왕에게 이야기 한 편을 들려주면서 끝을 맺지 않는다. 왕은 결말이 궁금해 하루하루 그녀의 처형을 미루다 결국 그녀와 행복하게 산다. 이 책은 왕비가 천 하룻밤 동안 왕에게 들려준 이야기이다.

정글 북

영국의 작가인 키플링(1865-1936년)이 1894년에 발표한 아동 문학 작품으로, 총 8편의 동물 이야기가 실려 있다. 시오니 산에서 호랑이 시아 칸에게 쫓기고 있는 소년 모글리는 늑대의 보살핌을 받으며 자란다. 이 책은 모글리를 중심으로 호랑이와 싸우고 빨간 개와 싸우며, 인간의 욕심에 맞서 싸우는 늑대 무리의 삶을 그렸다. 키플링은 동물의 특성을 사실적으로 살리면서 동물을 의인화하여 남성적인 동물 문학의 새로운 장을 열었다. 그는 이 작품을 통해 동물들의 가족 사랑, 우정과 의리 등을 보여 줌으로써 이기적으로 살아가는 사람들에게 교훈을 주려고 했다.

일리아드

고대 그리스의 작가인 호메로스(기원전 800-750년)가 지었다고 하는 그리스의 가장 오래되고도 긴 영웅 서사시이다. 10년에 걸친 그리스 군의 트로이 공격 중 마지막 해의 50일 동안 일어났던 사건을 노래한 것으로 모두 1만 5,693행으로 되어 있다. 이 전쟁은 트로이의 왕자인 파리스가 스파르타 왕의 아내인 헬레네를 약탈해 감으로써 일어난다. 9년이 넘도록 전쟁이 끝나지 않자 그리스 병사들은 약탈을 저지르고, 그리스 군대는 분열이 일어나게 된다. 그러나 그리스 군대는 거대한 목마를 이용해 트로이 성을 점령한다. 이어 그리스의 영웅인 아킬레우스가 친구를 죽인 트로이의 영웅 헥토르를 죽여 원수를 갚는 내용이다. 《오디세이》와 함께 서사시의 모범이 됐다.

하이디

스위스의 여성 작가인 슈피리(1829~1901년)가 1880년과 1881년에 발표한 작품이다. 제1부 〈하이디의 수업과 편력 시절〉과 제2부 〈하이디는 배운 것을 유익하게 사용한다〉로 구성되어 있다. 부모를 여읜 소녀 하이디는 알프스 산의 목장에서 혼자 사는 할아버지에게 맡겨진다. 밝고 명랑한 하이디는 고집이 세고 무뚝뚝한 할아버지의 닫힌 마음을 서서히 열어 간다. 그러던 어느 날 하이디는 병이 나 걷지 못하는 부잣집 딸 클라라의 말상대를 하기 위해 프랑크푸르트로 가게 된다. 그러나 천진난만한 하이디는 도시 생활을 견디지 못하고 병에 걸려 다시 알프스 산으로 돌아와 할아버지와 행복하게 산다는 이야기이다. 자연을 닮은 하이디의 순수한 마음이 모든 문제를 해결하고, 모든 사람을 행복하게 만든다는 내용이다.

작은 아씨들

미국의 여성 작가인 올컷(1832~1888년)이 1868년에 발표한 장편 소설이다. 이 책은 올컷이 실제로 경험한 것을 소재로 하여 쓴 자전적 소설로서 가정 소설이자 성장 소설이다. 아버지가 1년 동안 남북 전쟁에 나가 있는 사이 가난한 집에 남아 있는 네 자매의 삶을 그렸다. 아름답고 허영기가 있는 맏딸 메그, 활달하고 남성적인 작가 지망생 둘째 조, 수줍고 헌신적인 셋째 베스, 귀엽고 멋 내기 좋아하는 넷째 에이미가 모든 어려움을 극복해 간다는 내용을 따뜻하면서도 감동적으로 그렸다.

소공자

미국의 여성 작가인 프랜시스 버넷이 1886년에 발표한 소년 소설이다. 미국의 평범한 집안의 아들인 세드릭은 할아버지인 도린코트 백작 가문의 대를 잇기 위해 영국으로 건너간다. 명랑하고 귀엽고 인정 많은 세드릭은 권위적이고 폐쇄적인 할아버지의 마음을 열어 어려운 사람들에게 온정을 베풀게 한다. 세드릭의 따뜻한 마음에 감동한 할아버지는 지난날의 잘못을 후회하고 세드릭은 그의 후계자가 된다. 귀족 사회에 대한 동경과 세드릭의 솔직하고도 따스한 마음이 사람들의 마음을 움직였다. 헬렌 켈러 역시 이 책을 읽으면서 세상의 어두움을 밝히는 빛과 같은 존재가 되고자 하였다.

책벌레들의 속닥속닥 독서 비법!

세종 대왕

"고기는 씹을수록 맛이 있지 않소? 책도 읽을수록 맛이 난다오. 다시 읽으면서 처음에 지나쳤던 것을 발견하고, 새롭게 생각하는 것이지요. 말하자면 백번 읽고 백번 익히는 셈이오. 그럼 자연히 눈이 열리고 마음이 든든해지지요. 그러다 보니 나는 누구보다 현명한 사람이 되었고 이렇게 임금이 될 수 있었던 것이라오."

이덕무

"책을 읽는 첫 번째 이유는 정신을 맑고 기쁘게 하기 위함이고, 책에 있는 뜻을 받아들여 지식과 지혜를 넓히는 것이 그다음이란다. 그런 책을 제대로 읽는 방법은 먼저 입으로 소리 내 반복해서 읽고, 마음으로 생각하는 거야. 그러기 위해서는 책장을 얼른 넘기려 하지 말고 글의 뜻을 되새기며 천천히 읽어야 해. 그러면 날로 총명해진단다."

"난 책을 읽을 때 뜻을 새겨 가며 자세히 읽었어. 흔히 정독이라고 부르는 방법이지. 그러고는 중요한 내용을 뽑아 공책에 메모해서 잘 정리해 두곤 했지. 나중에라도 언제든지 그걸 꺼내 보면서 생각할 수 있도록 말이야. 그렇게 해서 나는 모든 전쟁에서 승리할 만한 혁신적이고 창의적인 병법을 생각해 낼 수 있었지."

나폴레옹

"책을 읽는 데 나보다 더 노력한 사람은 찾아보기 힘들 거예요. 나는 같은 책 전체를 반복해서 읽은 게 아니라 옛글 중에서 유명한 글과 좋은 글을 반복해 읽었어요. 눈이 오나 비가 오나 자나 깨나 책만 읽었더니 머리가 나쁜 나도 어느새 실력이 자라 결국 사람들에게 내 시를 인정받게 되었지요."

김득신

"책은 낱말 하나하나보다는 전체적인 내용을 가슴으로 느끼는 게 중요하다고 생각해요. 나는 점자로 책을 읽었으므로 남들보다 읽는 속도가 느려 단어 하나하나를 신경 쓰며 독서할 수가 없었거든요. 책은 나에게 날개를 달아 주어 장애인인 나도 다른 사람을 도울 수 있게 되었어요. 하지만 책을 읽는 방법은 사람마다 다르니 누구나 자신에게 맞는 방법을 찾아 열심히 독서하면 되는 거랍니다."

헬렌 켈러

"책을 대충 읽거나 또는 반대로 달달 외우는 것보다는 끊임없이 의심하고 생각하며 읽는 것이 중요해요. 그러다 보니 창의력과 상상력이 길러져서 내가 여러 가지 기구를 발명할 수 있었던 밑거름이 되었다고 생각해요. 책을 읽는 것은 그 자체로 참 행복한 일이랍니다."

에디슨

"나는 어렸을 때 너무 가난해서 책을 살 수가 없었어요. 그래서 책을 빌려서 한 번 읽은 다음에 공책에 베끼고 돌려주었어요. 그러곤 그걸 실로 묶어 가지고 다시 읽으며 공부했답니다. 그다음에는 읽은 내용에 대한 느낌을 쓰고, 내가 쓴 글을 누구나 이해할 수 있도록 쉽게 고치는 일을 계속했지요. 그 일은 내게 실력과 함께 자신감을 주었고, 덕분에 나는 미국의 대통령이 될 수 있었답니다."

링컨

참고 문헌

대궐을 찾은 학동들과 세종 대왕
김영근 《세종 대왕》 어린이중앙, 2004
민족문화추진회 《조선왕조실록 세종실록》 민족문화추진회, 1993
박영규 《세종 대왕과 그의 인재들》 들녘, 2002
전경일 《위대한 CEO 세종 대왕》 한국경제신문, 2004
홍이섭 《세종 대왕》 세종대왕기념사업회, 2004

책만 보는 바보 외삼촌 이덕무
김건우 《옛사람 59인의 공부산책》 도원미디어, 2004
이덕무 《책에 미친 바보》 미다스북스, 2004
이덕무 《청장관전서》 민족문화추진회, 1980
정민 《미쳐야 미친다》 푸른역사, 2004
한국학연구소 《18세기 조선지식인의 문화의식》 한양대출판부, 2001

서당 일일 훈장이 된 김득신
김득신 《백곡집》 민족문화추진회, 2005
민족문화추진회 《청장관전서》 민족문화추진회, 1980
정민 《미쳐야 미친다》 푸른역사, 2004
정약용 《다산시문집》 민족문화추진회, 1982
안정복 《순암집》 민족문화추진회, 1996

왕따를 만난 키 작은 황제 나폴레옹
권오석 《나폴레옹》 대일출판사, 2003
로베르 솔레 《나폴레옹의 학자들》 아테네, 2003
박지향 《영웅만들기》 휴머니스트, 2005
티에리 랑츠 《나폴레옹, 나의 야망은 컸다》 시공사, 2005

소년 소녀 가장과 촌뜨기 대통령 링컨
권오석 《링컨》 대일출판사, 2002
데이비드 허버트 도날드 《링컨》 살림, 2003
데일 카네기 《링컨 당신을 존경합니다》 함께읽는책, 2003
해리 마이하퍼 《에이브러햄 링컨》 이매진, 2005

어린이 기자와 학교 안 다닌 에디슨
김순경 《에디슨》 대일출판사, 2003
김종두 《에디슨》 국민서관, 2002
진 아데어 《위대한 발명과 에디슨》 바다, 2002
하마다 가즈유키 《1%의 영감을 깨우는 에디슨의 메모》 북플래너, 2004

못 보고 못 듣고 말 못한 헬렌 켈러
윤영복 《헬렌 켈러》 국민서관, 2001
헬렌 켈러 《나는 신비주의자입니다》 옛오늘, 2001
헬렌 켈러 《사흘만 볼 수 있다면》 산해, 2005
헬렌 켈러 《헬렌 켈러》 예문당, 2005